कन्हैया सिंह



# स्वामी रामानन्द

## जीवन और दर्शन

लोकभारती पेपरबैक्स

**प्रथम पेपरबैक संस्करण :** 2022



---

**लोकभारती पेपरबैक्स :** उत्कृष्ट साहित्य के लोकप्रिय संस्करण

---

**लोकभारती प्रकाशन**
पहली मंजिल, दरबारी बिल्डिंग, महात्मा गांधी मार्ग
प्रयागराज-211 001

वेबसाइट: www.lokbhartiprakashan.com
ईमेल : info@lokbhartiprakashan.com

**शाखाएँ :** 1-बी, नेताजी सुभाष मार्ग, दरियागंज
नई दिल्ली-110 002
अशोक राजपथ, साइंस कॉलेज के सामने
पटना-800 006
36 ए, शेक्सपियर सरणी, कोलकाता-700 017

ग्राफिक ऑफसेट
प्रयागराज द्वारा मुद्रित

मूल्य: ₹ 195

SWAMI RAMANAND
*by* Kanhaiya Singh

ISBN : 978-93-93603-41-8

# कन्हैया सिंह

प्रमुख भारतीय साहित्यकार डॉ. कन्हैया सिंह पाठ-सम्पादन एवं सूफी काव्य के अधिकृत विद्वान् के रूप में हिन्दी जगत् में सुपरिचित हैं।

आजमगढ़ जनपद में जन्में डॉ. कन्हैया सिंह एम.ए., एलएल-बी., पीएच-डी. डी-लिट् की उपाधि प्राप्त हैं।

विधि प्रवक्ता के रूप में इन्होंने अपने अध्यापकीय जीवन का प्रारम्भ करते हुए हिन्दी के प्रवक्ता-रीडर अध्यक्ष, प्राचार्य, कार्यकारी अध्यक्ष, उत्तर प्रदेश भाषा संस्थान, लखनऊ आदि दायित्वों का निर्वहन किया। इनकी लिखी चर्चित आलोचना की पुस्तकों में—सूफी काव्य : सांस्कृतिक अनुशीलन, युगद्रष्टा मलिक मुहम्मद जायसी, सूफीमत, हिन्दी सूफी काव्य में हिन्दू संस्कृति, उदार इस्लाम का सूफी चेहरा, पाठ-सम्पादन के सिद्धान्त, हिन्दी पाठानुसन्धान, जायसीकृत 'पदुमावति : मूल पाठ और टीका', मध्यकालीन अवधी का विकास, राहुल सांकृत्यायन, अयोध्या सिंह उपाध्याय 'हरिऔध' आदि हैं। सृजनात्मक साहित्य के क्षेत्र में महत्त्वपूर्ण पुस्तकें हैं—साहित्य और संस्कृति (निबन्ध संग्रह), वेदना के संवाद (ललित निबन्ध), अँधेरे के अध्याय (संस्मरण), पत्थर की मुस्कान (कहानी संग्रह), दक्षिणांचल दर्शन (यात्रा वृत्तान्त) आदि। इनकी कुल चालीस से अधिक मौलिक पुस्तकें तथा ग्यारह सम्पादित पुस्तकें प्रकाशित हैं। इनके साहित्यिक अवदान को देखते हुए इनको उत्तर प्रदेश हिन्दी संस्थान, लखनऊ का पण्डित दीनदयाल उपाध्याय साहित्य सम्मान तथा साहित्य भूषण सम्मान, केन्द्रीय हिन्दी संस्थान, आगरा का सुब्रह्मण्यमभारती पुरस्कार, हिन्दी साहित्य सम्मेलन प्रयाग का साहित्य महोपाध्याय आदि पुरस्कारों एवं सम्मानों से सम्मानित किया गया।

**सम्प्रति :** आजमगढ़ (उ.प्र.) में रहकर स्वतन्त्र लेखन कर रहे हैं।

**सम्पर्क :** हिमाद्रि, राहुल नगर, आजमगढ़-276001

# अनुक्रम

# प्राक्कथन

नौवीं-दशवीं शताब्दी में युग-पुरुष के रूप में महायोगी गुरु गोरखनाथ का अवतरण हुआ। तत्कालीन समाज के लिए उनका प्रदेय प्राण-संजीवनी बना। उनके चार सौ वर्ष बाद युग पुरुष स्वामी रामानन्द का अवतरण हुआ। उस समय अब मुगलसत्ता ने देश का शासन-सूत्र सँभाला, देश के हिन्दू-समाज को एकता के सूत्र में बाँधने का महत् कार्य किया। उन्होंने सगुण-निर्गुण के विवाद से परे 'नाम-जप' को मध्यमार्ग में प्रतिष्ठित किया। उन्होंने योग और भक्ति का भी समन्वय किया। योग से शरीर और मन की शुद्धि होने पर ही भक्ति सम्भव होती है। यह कह कर दोनों मार्गों में समन्वय किया। उन्होंने ब्राह्मण-सवर्ण और दलित को जोड़ा और हिन्दू और मुसलमान दोनों को भक्ति का अधिकारी बताया। ऐसे समन्वय की उस युग की आवश्यकता थी जब 'पाखंड-विवाद' से सद्ग्रन्थ लुप्त हो रहे थे। यह कार्य स्वामी जी ने ही किया। उनकी भक्तिधारा के प्रचंड प्रवाह में 'राम' जन-जन के राम हो गए और राम घर-घर के राम बन गए। 'राम' ने वारान्निकोव और शर्न्नोत बादविन जैसे विदेशी-विद्वानों को प्रभावित किया। 'राम हमारी संस्कृत के प्रतीक बन गए।

इस पुस्तक में इसे दिखाने का प्रयास किया गया है। कहिहौं कुछ मति अनुसारा' जैसा मैंने अपनी बुद्धि के अनुरूप कुछ कहा है। 'भूल सुधारहु' मेंखहु सजद, आभारी हूँ लोकभारती के स्वामी अशोक माहेश्वरी और संरक्षक रमेश ग्रोवर जी का जिन्होंने इसे स्वीकार करके स्वामी रामानन्द के प्रति अपना आदर और सम्मान प्रदर्शित किया है।

# स्वामी रामानन्द और राम भक्तों की सनातन परम्परा

योगमार्ग के गुरु गोरखनाथ 9-10वीं शताब्दी में हुए। उसके 200 वर्ष पश्चात् 12वीं शताब्दी में रामानुजाचार्य हुए। और उसके बाद 200 वर्ष पश्चात् 14वीं शताब्दी में स्वामी रामानन्द का अवतरण हुआ। स्वामी रामानन्द एक युग प्रवर्तक आचार्य थे। उन्होंने योग को अपनी भक्ति धारा से जोड़ा। इसका विवेचन इस ग्रन्थ में उचित स्थान पर किया गया है। रामानुजाचार्य के श्री सम्प्रदाय में विष्णु की जो उपासना और भक्ति प्रतिपादित की गई थी, उसे विष्णु भगवान के अवतार राम की भक्ति को स्वामी रामानन्द ने दक्षिण से उत्तर भारत आकर काशी में अपना केन्द्र बनाया और राम भक्तों का प्रचार किया। इस पुस्तक में यह दिखाया गया है कि स्वामी जी ने किस प्रकार सगुण-निर्गुण दोनों भक्ति मार्गों को जोड़ा और दोनों प्रकार की भक्ति को विहित बनाया। दोनों को जोड़ने के लिए उन्होंने राम नाम के जप को आधार बनाया। जो दोनों मार्गों में स्वीकार्य था। उन्होंने राम भक्ति का बीज मन्त्र 'रां रामाय नमः' बनाया। यहाँ 'रां' ॐ का वाचक है। शेष पाँच अक्षरों को मिलाकर मन्त्र को षडाक्षर मन्त्र कहा जाता है। रामानन्द स्वामी ने श्री सम्प्रदाय का खंडन तो नहीं किया पर उसका एक युग सापेक्ष स्वरूप रामावत सम्प्रदाय के रूप में विकसित किया है।

इसी प्रकार उन्होंने सभी जातियों, सभी सम्प्रदायों को अपने भक्ति का अधिकारी बताया और अन्य सम्प्रदायों के ब्राह्मण वर्चस्व को

हटाकर सभी वर्णों, सम्प्रदायों और स्त्रियों तक के लिए राम भक्ति का द्वार उन्मुक्त किया। शूद्र और मुसलमान तक को अपना शिष्य बनाकर चौदहवीं शताब्दी में उन्होंने उस अभियान का प्रारम्भ किया, जो 19वीं 20वीं शताब्दी में विवेकानन्द, महात्मा गाँधी, विनोबा भावे आदि का पाथेय बन गया। कहा जा सकता है कि बीसवीं सदी की सामाजिक समरसता का सूत्र स्वामी रामानन्द ने ही दिया था।

स्वामी जी ने जो रामावत सम्प्रदाय गठित किया उसके दर्शन के सूत्र हमारी सनातन परम्परा में विद्यमान थे। उस परम्परा का कुछ परिचय दिया जा रहा है।

## राम भक्ति का सनातन स्त्रोत

### श्री वैष्णवभगवान

श्री वैष्णवभगवान ने इस सम्बन्ध में लिखा है कि ऋग्वेद से लेकर आगे तक इसके सूत्र मिलते हैं। ऋग्वेद में सीता का उल्लेख है—

*ओ3म् अर्वाची सुभगे भव सीते वन्दामहे त्वा ।*
*यथा नः सुभगासिस यथा नः सुफलासिस ॥6॥*

—ऋग्वेद 4/57/6

सीतोपनिषद का प्रमाण भी है—

*श्रीराम सान्निध्य वर्शा जगदानन्द दायिनी*
*उद्भव स्थित संघारकारिणीम् सर्वदेहिनाम्।।*

—सीतोपनिषद 1/3

श्रीराम के कहने पर माता जानकी जी ने श्रीराम मन्त्र का प्रथम उपदेश किया। तदुपरान्त श्रीजानकी जी ने अपने प्रिय पुत्र अंजनीनन्दन हनुमान को ब्रह्मविद्या का अधिकारी जानकर श्रीराम मन्त्र का उपदेश किया। तदुपरान्त ब्रह्माजी, वशिष्ठ,पराशर,व्यास, शुकदेव आदि को क्रमानुसार ब्रह्म विद्या स्वरूप श्रीमन्त्रराज का उपदेश किया। अनादिकाल से श्रीरामावत परम्परा का उपदेश श्रीजानकी जी ने सर्व प्राणियों को सुलभ करवाया। श्रीराममन्त्र अर्थात षडक्षर मन्त्र की मन्त्र दृष्टा श्रीजानकी जी

हैं। श्रीजानकी जी ने ही मन्त्रराज श्रीराम मन्त्र का प्रचार-प्रसार किया।

मैथिली महोपनिषद में श्रीहनुमान जी को श्रीजानकी जी ने प्रथम ब्रह्म विद्या का उपदेश किया। निम्न उदाहरण से स्पष्ट हो जाता है

*ओ3म नित्यां निरञ्जनां शुद्धां रामाभिन्नां।*
*मातरं मैथिलीं वन्दे गुणग्रामां रमा रामाम्।।*
*ओ3म भूर्भुवः स्वः सप्तदीपा वसुमती*
*त्रयो लोका अन्तरिक्षं सर्वं त्वयि निवसन्ति।*
*आमोद प्रमोदः विनोदः सम्मोदः सर्वास्त्वं सन्धत्से*
*अंजनेयाम् ब्रह्म-विद्या धात्री त्वां सर्वे वयं प्रमाणवहे प्रमाणवहे।।*

—मैथिली महोपनिषद

अध्यात्म रामायण भी इसी प्रसंग को और अधिक स्पष्ट करती है—

*रामः सितामुवाचेदं ब्रूहि तत्त्वं हनुमते।*
*निष्कल्मषोऽयं ज्ञानस्य पात्र नो नित्य भक्तिमान।।*
*तथेति जानकी प्राह तत्त्वम रामस्य निश्चितम।*
*हनुमते प्रपन्नाय सीता लोक विवोहिनी।।*

—अध्यात्म रामायण, उ.का., सर्ग ।। 30 ।31

जानकी जी ने 'हर से यह हनुमान' को मन्त्र दिया। उन्हीं से ब्रह्मा वशिष्ठ, पराशर, वेदव्यास ने यह मन्त्र प्राप्त किया।

*ब्रह्माददौ वशिष्ठाय स्व सुताय मनु पुनः।*
*स वेदव्यास मुनये देदावित्थं गुरुक्रमः।।*
*वेदव्यास महातेजाः शिष्येभः समुपादिशत्।।*

—अगस्त्य संहिता 8 ।2 ।3

**मन्त्र परम्परा**

श्रीतारक मन्त्र का उपदेश प्राप्त करने के उपरान्त हनुमान जी विनम्र भाव से श्रीसीताराम जी की सेवा में तल्लीन हो गए। अत्यधिक

प्रयासोपरान्त ब्रह्मा जी को हनुमान जी ने श्रीजानकी जी से प्राप्त तारक मन्त्र का उद्देश्य किया ब्रह्मा जी ने लोक कल्याण हेतु वशिष्ठ जी को दिया। वशिष्ठ जी ने अपने पुत्र परासरण तथा पराशर ने व्यास जी को ब्रह्म विद्या स्वरूप तारक मन्त्र श्रीराम मन्त्र प्रदान किया। महान तपस्वी, तेजस्वी व्यास जी ने अपने शिष्यों को उपदेश दिया।

*ओउम अयोध्या नगरे .. सनकाद्यै वशिष्ठाधैः*
*शुकादिभिः अन्य भार्गवतैश्चापि.. भक्त्या श्रुषया*
*स्तुवनपप्रच्छ मारुति। कृपयावद . साधु पृष्ठं . वदामि शृंणुतत्त्वतः।*

—मुक्तिकोपनिषद

भूलोक अर्थात पृथ्वी पर राम भक्ति का प्रचार -प्रसार स्थापना कपीश्वर श्रीहनुमान ने की है। स्वयं केशरीनन्दन भक्तों में सर्वश्रेष्ठ हैं। मन-वाणी कर्म से श्रीसीताराम जी की सेवा कर सुख प्रदान किया।

*कुमार व्यास शुक शांडिल्य गर्ग विष्णु कौंडियं*
*शेषोद्धबारुणि बलि हनुमद् विभीषणादयो भक्त्याचार्य।*

—नारद भक्ति, सूत्र 83

*सनकाद्या योगिवर्या अन्ये च ऋषियास्तथा,*
*प्रह्लाद विष्णुभक्ता हनुमन्तं मथाब्रुवन।*
*किं तत्त्वं ब्रह्मवादिनाम् .तत्त्वं कथय. राम एव परं तत्त्वं।*

—राम रहस्योपनिषद 1 से 6

अगस्त्य ने भक्ति पथ प्रदर्शक पवनकुमार हनुमान से श्रीराम जी में कैसे प्रीति हो तथा गृह-स्त्री-कुटुम्ब से कैसे वैराग्य हो? प्रश्न किया। अंजनीकुमार ने भगवत स्वरूप प्रीति प्राप्ति, बाधा इत्यादि का संक्षेप में वर्णन कर समझाया है—

राम- भक्ति की भागीरथी को विश्व के जनमानस तक अपनी लेखनी के माध्यम से पहुँचानेवाले गोस्वामी तुलसीदास जी ने स्पष्ट किया है—

*वन्दे बोधमयं नित्यं गुरु शंकर रूपीणम्।*

**अगस्त्य प्रसंग**

*मुनि पूछी हरि भगत सुहाई।*
*कही शंभू अधिकारी पाई।।*

**हनुमान चालीसा**

*जय जय जय हनुमान गोसाई, कृपा करहु गुरुदेव की नाई।*

* * *

*तुम्हरे भजन राम को भावै।*

* * *

*अन्तकाल रघुबर पुर जाई।*
*जहाँ जन्म हरि-भक्त कहाई।।*

**रामचरितमानस**

*इच्छित फल बिनु सिव अवराधें।*

दशरथ जी एवं जनक जी के लिए लिखा है—

*इन्ह सम काहुँ न सिव अवराधे।*

अन्त में श्रीराम जी ने स्वयं श्रीशिव की उपासना के लिए संकेत किया है—

*औरउ एक गुपुत मत सबहिं करौ कर जोरि।*
*संकर भजन बिना नर भजन न पावहिं मोरि।।*

आशुतोष शिव ही श्रीराम तत्त्व एवं मन्त्रराज प्राप्त हेतु हनुमान स्वरूप में प्रकट हुए थे बालकांड में वर्णन हैं—निज लोकहिं बिरचि जे देवन्ह इहै सिखाई।

*बानर तनु धरि धरि महि हरि पद सेवहु जाई।।*
*इसीलिए हनुमान जी को शंकरसुवन कहा है।*
*शंकर-सुवन केसरी-नन्दन, तेज प्रताप महा जग वन्दन।*

आधुनिक विद्वान श्रीसुदर्शन सिंह चक्र के मतानुसार भी श्रीरामचरितमानस (उत्तरार्द्ध) में तारक मन्त्र की आद्याचार्य जानकी जी

हैं एवं जानकी जी से यह हनुमान को प्राप्त हुआ। भुसुंडि रामायण के चित्रकूट माहात्म्य प्रसंग में राम भक्तों के प्रमुख आचार्यों का वर्णन किया गया है। निम्न प्रसंग में वर्णन है—

*पंचमावरणे सर्वे वशिष्ठादि मुनिश्वराः।*
*दिव्य देह धरा नित्यं ध्यायन्ति रघुनन्दनम।।*
*ब्रम्हचर्यरताः सर्वे विरजाम्बर धारिण।*
*दिव्य गन्धानुलिप्तांगाकृताञ्जलिपुटाः स्थिताः।।*
*संहिताभिः स्वकीयाभिश्तन्मुखे दत्त दृष्टयः।*
*स्तुवन्तो नीलकंजाभं कैशोरं रघुनन्दनम।।*
*वशिष्ठो वामदेवश्च देवलो गौतमो इसितः।*
*वाल्मीकिरंगिरा गर्गो गालावश्चयवनो भृगु।।*
*पुलत्स्यः पुलहो देवो विश्वामित्रोऽथ वामनः।*
*शक्तिः पराशरो व्यासो बोधायनोऽथवैतथा।।* आदि।

वशिष्ठ आदि सम्पूर्ण मुनीश्वर दिव्य देह को धारण कर श्रीरघुनन्दन का नित्य ध्यान करते हैं। उक्त सभी ऋषि उध्वंरेता स्वच्छ वस्त्र धारण कर अपनी-अपनी संहिताओं सहित किशोर वपु श्रीरघुनन्दन का स्तवन करते हैं। सारे नाम जो भुसुंडि रामायण में आए हैं वह निम्नलिखित हैं—वशिष्ठ, वामदेव, देवल, गौतम, असित, वाल्मीकि, अंगिरा, गर्ग, गालव, च्यवन, भृगु, पुलत्स्य, पुल, विश्वामित्र, वामन, शक्ति, पाराशर, व्यास, बोधायन, रैम्य, अत्रि, याज्ञवल्क्य, अज, जातुकर्ण, सेतु, बाजपेय, अन्नीवेश, कौंडिल्य, दुर्वासा, सुचन्द, सुक, सारण, हारीत, पर्वतचन्द्रभारद्वाज, मृगीसुत, मांडव्य, लिखित, सम्य, सुरम्य, पूतिभाषक, शैपद, अन्तरिक्ष मंड, मांडलिक बुध, मृकंडक, जाबालि, जांजलि, मृग, शांडिल्य, सौभरि, भानुरूपस्तम्भ,कुषारुक, सनत कुमार, दालम्य, दीर्घचक्षु, उद्दालक औरव दीर्घतमा, वत्स, वात्सायन, मुद्गल, मातंग-भागुरि, गर्ग, गर्गायन, गोभिल, जमदग्नि, शतानन्द, जैमिन, गल, किंजलि, आसुरि, कणभ्रक, कार्ण, आक्षीव, धृत, कौशिक पैठीन,

शिरोभूत, सनारू, सनग, स्वयंभू, दध्योगथवर्ण, वैज, वैश्वानर, कपिल, पंचशिखा, परोजास, जासुरि, आसुरी, मरु।

बोधायन के सम्बन्ध में कहा गया है कि भगवान व्यास का प्रशिष्य मानते हैं। भगवान बोधायन श्रीराम भक्त हैं। भगवान व्यास जी के प्रशिष्य तथा शुकदेवाचार्य के शिष्य बोधायन को मानते हुए भी बोधायन से उपवर्ष को पृथक करने का भ्रम-वश प्रयास कर रहे हैं। क्योंकि उक्त ग्रन्थ में 'अथातो ब्रह्म जिज्ञासा' (ब्रह्म सूत्र 1-1-1) का अर्थ करते समय विंशत्यध्यायी मीमांसा के ऐक्यशास्त्र सिद्धि प्रसंग में लिखा है—

*उपदेशाद्‌थोक्तादि स्वारस्याद्‌ धर्मयोगतः।*
*पूर्वोपदेशतश्चैक्यं पूर्वभागोपजीवनात्।।*

भगवान बोधायन वेदान्तकार या वृत्तिकार थे। उन्होंने वेदान्त की टीका या वृत्ति की है। इस विषय में आद्य शंकराचार्य ने सम्मान दिया है—

*भगवान उपवर्षोऽतीव प्राचीनोवेदान्ताचार्य आसीत्।*

श्रीशंकर प्रागाद्वैतवाद, पृष्ठ 108, मुरलीधर पांडे, ब्रह्मसूत्र 3।3।28 शा. भा. 3।3।53 शा. भा. के अन्तर्गत शबर स्वामी भगवान बोधायन का आदर पूर्वक नाम लेते हैं।

—मीमांसा दर्शन, शाबर भाष्य, 1।1।5

श्रीभाष्यकार रामानुजाचार्य भी बोधायन का नाम लेते हैं एवं बोधायन वृत्ति एवं दर्शन पर अत्यधिक मन्थन किया है।

—श्रीभाष्य, पृष्ठ 1 तथा 108-131

इस प्रकार प्रमाणों से स्पष्ट है कि परात्पर परमब्रह्म श्रीराम जी से प्रस्फुटित रामावत या रामानन्द सम्प्रदाय श्रीजानकी जी के द्वारा प्रचारित किया गया। भक्तवत्सला जगदम्बा जनकनन्दिनी जानकी से हर से बने हनुमान को प्राप्त हुआ। परम्परानुसार ब्रह्मा जी, वशिष्ठ जी, पराशर जी, व्यास जी, शुकदेव जी के उपरान्त भगवान बोधायन रामावत सम्प्रदाय के आचार्य हुए। धर्मशास्त्र का इतिहास पृष्ठ 16 के अनुसार बोधायन का समय ईसा पूर्व 200 से 500 के मध्य मानना चाहिए।

भगवान बोधायन वेदान्ताचार्य थे। बोधायन शिष्य सारण ने ईसापूर्व ही बोधायन दर्शन या रामावत दर्शन पर भाष्य किया था। उनका दर्शन अद्वैत या विशिष्टाद्वैत का मध्यवर्ती भाग से माना गया है।

व्यास जी के आगे उनके पुत्र (परमहंस शुकदेव) वेदान्तसार मीमांसा भाष्य के रचयिता विद्यमान हैं। व्यास जी के वाम भाग में देव प्राधान्य जड़ विशिष्टाद्वैत मूलक भाष्यकर्ता श्रीविज्ञान भिक्षु सुशोभित है। उभय पंक्ति में शिवपरक विशिष्टाद्वैत बोधक भाष्यकार श्रीकंठ शिवाचार्य हैं। पश्चिम में विष्णुपरक विशिष्टाद्वैत प्रतिपाद के श्रीभाष्यकार लक्ष्मणाचार्य हैं। श्रीशुकाचार्य के समीप सबसे एकान्त में बैठे जड़वादमूलक द्वैत भाष्यकार श्रीपति आचार्य हैं। वैसे ही विष्णुपरक द्वैतवाद के प्रवर्तकाचार्य मध्वाचार्य हैं। शुद्धाद्वैत माननेवाले कंठस्थ भाष्योपदेशकर्ता श्रीविष्णु स्वामी है। द्वैताद्वैत मूल के सिद्धान्त प्रदर्शक वेदान्त पारिजात सौरभ निम्बकाचार्य सुशोभित हैं। धूनी के पास विराजमान अद्वैत और विशिष्टाद्वैत के मध्यवर्ती सिद्धान्त प्रतिपादक बोधायन शिष्य (सारण) हैं। इस प्रकार सभी दर्शनाचार्य के दर्शन पाकर जनसभा कृतार्थ हो गया।

चार सम्प्रदाय का पहला संगठन उड़ीसा में भगवान जगन्नाथ से पुरुषोत्तम धाम में हुआ। वैदिक सनातन धर्म को ईसा के प्रारम्भ काल में जैन व बौद्ध छिन्न-भिन्न कर रहे थे, ऐसे संकटकालीन समय में वैष्णव चारों सम्प्रदाय की संगठित शक्ति ने बौद्धों को परास्त कर उड़ा। उड़ीसा में वैदिक सनातन धर्म की संस्थापना की। साथ ही बौद्ध मतावलम्बी वर्ग को वैष्णव बनाकर वैदिक धर्म का प्रचार-प्रसार किया।

—श्रीजगन्नाथ मन्दिर और जगन्नाथ तत्त्व

ले. पं. सूर्यनारायणदास, पृ. 60

जब भक्ति भागीरथी प्रभावित करनेवाली भागवती सृष्टि या भगवद्भक्ति समाप्तप्राय होने लगती है तब भगवान विष्णु स्वयं या श्वास से धरा धाम पर अवतीर्ण होते हैं। सभी जनमानस ऐसे उच्चकोटि के महापुरुष के आश्रित हो भक्ति भागीरथी में आप अवगाहन करते हैं—जिस प्रकार कोल्हू रूपी केन्द्र का आश्रय लेकर बैल भ्रमण करता

है। कलयुग में चार सम्प्रदाय के प्रवर्तक आचार्य होंगे। उन चार में पुरुषोत्तमाचार्य उत्कल में अपनी कीर्ति फैला देंगे। इन्हीं पुरुषोत्तमाचार्य के शिष्य राघवानन्द हुए। उनके शिष्य स्वामी रामानन्द हुए। श्रीरामानन्द को रामावत सम्प्रदाय में भगवान के चतुर्व्यूह (शंख, चक्र, गदा, पदम्) में 'शंख' का अवतार माना गया है।

*रामानन्द सुघी शंख, चक्र निम्बार्क नामभ्याम।*
*गदाहिविष्णुस्वामी च पदमं पै माधवस्तथा।।*

इस प्रकार परम्परा से प्राप्त रामभक्ति के सिद्धान्त को लेकर स्वामी रामानन्द ने काशी के पंचगंगा घाट पर केन्द्र बनाकर जगत में रामभक्ति भागीरथी को प्रवाहित किया। इसी का विवेचन प्रस्तुत ग्रन्थ में किया गया है।

अध्याय-1

# वैष्णव भक्ति आन्दोलन का प्रवाह

नवीं, दसवीं शताब्दी में महायोगी गोरखनाथ का अवतरण हुआ, वह एक संक्रान्तिकाल था। एक ओर तुर्क आदि विधर्मी आक्रान्ता मन्दिरों-मूर्तियों को तोड़ते और वहाँ के खजाने को लूटते थे और दूसरी ओर देश के राजे-रजवाड़े भोग-विलास में व्यस्त पड़े, इन आक्रमणकारियों के प्रति उदासीन अपने महलों में बैठे थे। उनमें परस्पर कटुता के चलते कुछ आक्रान्ताओं से मिलकर उनके साथ हो लेते थे। मन्दिर-मठ जो कभी हमारी आस्था और प्रेरणा के केन्द्र थे वे व्यभिचार और धन लोलुपता के अड्डे बने गए थे। ऐसे समय गोरखनाथ ने इन्द्रिय-निग्रह और ब्रह्मचर्य के साथ योग साधना का मार्ग प्रशस्त किया। उन्होंने गृहस्थों के लिए सन्तुलित, संयमित जीवन के मध्य मार्ग का उपदेश दिया। उनका प्रभाव महलों से झोपड़ियों तक पर पड़ा। पर कालान्तर में योगी सिद्धियाँ प्रदर्शित करने और योग-भ्रष्ट जीवन जीने लगे।

ऐसे समय में लोक को भक्ति मार्ग के अवलम्बन की दिशा आचार्यों और सन्तों ने दिखाई। योग और भक्ति दोनों का उद्भव वेदों से ही हुआ है। उनमें विरोध नहीं वे एक-दूसरे के पूरक हैं। योग सिद्धि को स्थायी रखने के लिए भक्ति का आश्रय आवश्यक होता है। योग में मन को उन्मुक्त करना होता है और भक्ति में मन को आराध्य में तन्मय करना पड़ता है। सात्त्विक और शुद्ध जीवन दोनों के लिए आवश्यक है।

भक्ति आन्दोलन के पीछे योग से सरल-सहज मार्ग होने के अतिरिक्त सामाजिक आवश्यकता भी थी। इस्लामी धर्म के अनुयायी शासकों के

प्रतिरोध की एक रक्तहीन क्रान्ति का एक स्वरूप भी इस आन्दोलन में था। दक्षिण के आचार्यों द्वारा विष्णु और लक्ष्मी तथा वासुदेव और राधा के मध्य से भक्ति का प्रारम्भ हुआ और वही भक्ति तमिलनाडु से कर्नाटक, महाराष्ट्र, गुजरात, उत्तर प्रदेश, बिहार, बंगाल तक विविध रूपों में फैल गई। इसमें एकान्तिक भक्ति के साथ विधर्मी शासन के प्रति कभी मूक और कभी मुखर प्रतिरोध भी था। इस भक्ति आन्दोलन ने वृहद हिन्दू समाज को धर्मान्तरित होने से बचाया।

इस वैष्णव भक्ति प्रवाह में स्वामी रामानन्द का अद्‌भुत प्रदेय है। उन्होंने निर्गुण-सगुण, सवर्ण-अन्त्यज, हिन्दू-मुसलमान सबके लिए राम भक्ति का द्वार उन्मुक्त कर दिया। इस भक्ति प्रवाह के विकास का अध्ययन इनके इतिहास और उत्तरोत्तर विकास को जानने के लिए आवश्यक है।

विष्णु-भक्ति का मूल रूप वैदिक काल ही में मिल जाता है।[1] कुछ ऋचाओं में 'विष्णुलोक के प्रति कामना', 'विष्णु की कृपा के लिए प्रार्थना' जैसी भावनाएँ भी व्यक्त की गई हैं।[2] नवधा-भक्ति, ब्रह्म के नराकार रूप तथा अवतारवाद के संकेत भी वेदों में पाए गए हैं। वहाँ विष्णु की शक्तियों का उल्लेख करते हुए उन्हें त्रिविक्रम कहा गया है। वामनावतार का मूल यही कल्पना है। उन्हें सूर्यदेवता भी कहा गया है।[4]

उपनिषदकाल में ब्रह्म के निर्गुण-सगुण रूप की विवेचना अधिक हुई, किन्तु निर्गुण की अपेक्षा सगुण का महत्त्व क्रमशः बढ़ता गया। विष्णु में मानवता के गुणों का आरोप हुआ और उन्हें चरम प्राप्य माना गया। उनकी प्राप्ति के लिए अहिंसात्मक यज्ञों का भी विधान हुआ।''

## नारायणीय सम्प्रदाय

आर.जी. भंडारकर के अनुसार महाभारत के 'शान्तिपर्व' के अन्तर्गत नारायणीय-अंश से पता चलता है कि मेरु पर्वत पर सर्वप्रथम इस धर्म का उद्‌घाटन हुआ। स्वायम्भुव से इस शास्त्र की उत्पत्ति हुई और भगवान की उपस्थिति में इसका प्रख्यापन हुआ। भगवान के अन्तर्धान हो जाने

पर चित्र-शिखंडियों ने इस धर्म का प्रचार किया। कालान्तर में यह धर्म वृहस्पति को मिला और वृहस्पति से पुनः वसुउपरिचर को। इसी अंश में वासुदेव धर्म के मूल तत्त्वों का विवेचन भी किया गया है। वासुदेव को 'सभी आत्माओं का अन्तरात्मा और सबका स्रष्टा' कहा गया है। संकर्षण, प्रद्युम्न और अनिरुद्ध को क्रमशः जीवों का प्रतिनिधि, मस्तिष्क और आत्मज्ञान का प्रतीक माना गया है और कहा गया है कि ये सब आदिशक्ति के ही रूप हैं। ये चारों चतुर्व्यूह कहे जाते हैं। वाराह, नृसिंह, वामन, परशुराम, राम, कृष्ण आदि वासुदेव के ही अवतार कहे गए हैं।

वासुदेव ने भगवद्गीता में वैष्णव-धर्म को एक निश्चित रूप दिया। उन्होंने एक स्वतन्त्र सम्प्रदाय ही चला दिया। उनके भाई, पुत्रपौत्रादि ने भी इसमें सहयोग दिया और वे परमात्मा के रूप तथा विभिन्न मनोवैज्ञानिक स्तरों के प्रतीक कहे गए।[5]

### सात्वत-धर्म

महाभारत, विष्णुपुराण, भागवत तथा पातंजल 'महाभाष्य' के अनेक प्रमाणों द्वारा भंडारकर ने सिद्ध किया है कि 'वृष्णि जाति' का ही दूसरा नाम सात्त्वत था। वासुदेव, संकर्षण, अनिरुद्ध और प्रद्युम्न आदि इस जाति के सदस्य थे वासुदेव इनके प्रधान देवता थे। भंडारकर के अनुसार इस वासुदेव धर्म के प्रवर्तक कदाचित वासुदेव नाम के कोई आचार्य रहे होंगे। 'पातंजल महाभाष्य' और 'काशिका' में वासुदेव को वृष्णि-कुल का एक सदस्य कहा गया है। वेदों में भी कृष्ण ऋषि का नाम आया है जो कृष्णायन गोत्र के प्रवर्तक थे। सम्भवतः आगे चलकर वासुदेव से उनका तादात्म्य हो गया और इसी आधार पर उनका सम्बन्ध वृष्णि जाति से भी मान लिया गया। क्रमशः कृष्ण की सारी गरिमा वासुदेव में जोड़ दी गई। अन्य देवों से भी वासुदेव की अभिन्नता धीरे-धीरे स्थापित की गई और गोकुल-कृष्ण से भी उनका सम्बन्ध जोड़ा गया। सम्भवतः चतुर्व्यूहों की कल्पना बाद में की गई। भगवद्गीता में मस्तिष्क, बुद्धि, ज्ञान, अहंकार, जीव आदि वासुदेव की प्रकृतियों की व्याख्या की गई है।

बाद में विद्वानों ने परमात्मा की इन प्रकृतियों को अनिरुद्धादि में साकार कर दिया। गीता में विराटस्वरूप का वर्णन करते समय वासुदेव को विष्णु कहा गया है।[6]

### वासुदेव और नारायण में अभिन्नता

अनेक प्रमाणों से भंडारकर ने यह सिद्ध किया है कि नारायण वासुदेव के पूर्ववर्ती थे। महाभारत काल में जब वासुदेव की पूजा का प्रचार हुआ, दोनों में अभिन्नता स्थापित की गई। 'महाभारत' के बन पर्व में अर्जुन और वासुदेव कृष्ण की समता नर-नारायण से की गई है।

### वासुदेव और विष्णु

महाभारत-काल तक आते-आते विष्णु परमात्मपद तक पहुँच गए थे और इसी काल में, भंडारकर के मत से, वासुदेव की उनसे अभिन्नता स्थापित की गई। 'भीष्मपर्व' में परमात्मा को नारायण और विष्णु के नाम से पुकारा गया है और उनकी अभिन्नता वासुदेव से की गई है। 'शान्तिपर्व' में भी युधिष्ठिर ने कृष्ण को विष्णु कहकर पुकारा है।

स्पष्ट है, वासुदेव को प्रधान देवता माननेवाला वासुदेव धर्म सात्त्वतों द्वारा स्वीकृत धर्म था, महाभारत काल में यह भारत की विभिन्न जातियों एवं प्रान्तों में प्रसारित था; पौराणिक युग में यह सैनिक धर्म न रहा और इसमें वैदिक देवता विष्णु से बहनेवाली धारा; नारायण-व्यापक तथा दार्शनिक ईश्वर-की धारा और वासुदेव-ऐतिहासिक देवता-की धारा आदि मिल गई। इन तीनों ने मिलकर उत्तर वैष्णव-धर्म का निर्माण किया।

## दक्षिण में वैष्णव धर्म

### आलवार भक्त

भागवत पुराण के अनुसार कलियुग में भक्ति द्रविड़ देश में ही पायी गई। भागवत की रचना अधिक-से-अधिक आनन्दतीर्थ से 200 वर्ष पूर्व

हुई होगी। अत: द्राविड़ सन्त भी 11वीं शताब्दी के पूर्व हो चुके होंगे। कृष्णस्वामी आयंगर ने इन द्राविड़ भक्तों के नाम समय की दृष्टि से इस प्रकार दिए हैं, पोएगै आलवार, भूतत्तार, पेय आलवार, नम्मालवार (परांकुश मुनि), परि-आलवार, आंडाल, (रंगनायको), पोंडरडिप्पोलि (विप्रनारायण), तिरुप्पन आलवार, तिरुमड़िसै आलवार। संस्कृत में इन्हें सरोयोगिन्, भूतयोगिन्, महद्योगिन शठकोप, विष्णुचित्त, गोदा, भक्ताघ्रेणु योगवाहन और परकालालवार (भक्तिसार) आदि नामों से पुकारा गया है। इनके अतिरिक्त मधुर-कवि और कुलशेखर दो अन्य प्रसिद्ध आलवार भी हो गए हैं। परम्परा से प्रथम आलवार का समय 4203 ई. पू. —2706 ई. पू. माना गया है, पर यह नितान्त काल्पनिक है। भंडारकर के मत से प्रथम आलवार का समय ईसा की 5वीं या 6ठवीं शताब्दी था।

## आलवारों की विचारधारा

आलवारों के गीत 'प्रबन्धम्' में संगृहीत किए गए हैं। शठकोप के गीतों का संग्रह 'सहस्त्र गीति' नाम से किया गया है। इन आलवारों ने विष्णु या नारायण को ही अपना आराध्य माना था। डॉ. राधाकृष्णन के मत से इन आलवारों ने ईश्वर को प्रेमी मानकर उपासना की है। नम्मालवार ने लिखा है—'ओ स्वर्ग के महत्त्वपूर्ण प्रकाश, तुम मेरे हृदय में हो और मेरे आत्मा का भोग कर रहे हो। मैं तुमसे कब एक हो जाऊँगा।' डॉ. दीनदयाल गुप्त के मत से "आलवार भक्त सांसारिक विषयों को अनित्य कहते थे। उनका विचार था कि भक्ति के साधन और प्रपत्ति-पूर्ण आत्मसमर्पण-द्वारा संसार के आवागमन से मुक्ति तथा विष्णु भगवान का सम्मिलन मिलता है। वे केवल विष्णु के ही उपासक ऐकान्तिक धर्म को माननेवाले थे। वे विष्णु को वासुदेव, नारायण, भगवद्पुरुष आदि नामों से भी पुकारते थे। उनके मतानुसार विष्णु नित्य, अनन्त और अखंड हैं, वे सत-चित और आनन्दस्वरूप हैं, और जीवों पर कृपा कर अवतार भी लेते हैं। परन्तु अवतार लेने पर भी उनकी अनन्त, अनादि और सतत सत्ता

ज्यों-की-त्यों रहती है। वे मूर्ति रूप में भी अवतार लेते हैं। राम और कृष्ण उन्हीं के रूप हैं। कृष्ण की आनन्द क्रीड़ाओं के रूप में वह विष्णु जीवों को आनन्द दान देता है। गोपियों के साथ की लीलाओं द्वारा वह पूर्णानन्द की अनुभूति कराता है। आलवार भक्त विष्णु तथा उसके अवतार कृष्ण और राम की भक्ति वात्सल्य, दास्य तथा कान्ता-भाव से करते थे, जिन भावों पर उन्होंने अनेक गीत लिखे हैं। उनके विचारानुसार भगवद्भक्तों की सेवा भी भगवान की सेवा का एक अंग है। भक्ति के अन्तर्गत प्रपत्ति को उन्होंने बड़ा स्थान दिया था। उनका विश्वास था कि विष्णु भगवान की कृपा, उनके प्रति प्रेम ओर आत्मसमर्पण से मिलती है। सबसे बड़ी बात इस धर्म की यह थी कि आलवारों का यह धर्म सभी जाति और सभी श्रेणी की मनुष्यों के लिए खुला हुआ था।[8] भागवत-सम्प्रदाय का मूलाधार 'पांचरात्र संहिताएँ' है। शंकराचार्य ने इनकी उपासना-पद्धति के पाँच भेद बतलाए हैं—(1) अभिगमन-मनसा, वाचा, कर्मणा अराध्य में केन्द्रित होकर उसके मन्दिर में जाना। (2) उपादान-पूजा के लिए सामग्री एकत्रित करना। (3) इज्या-पूजा। (4) स्वाध्याय-मन्त्रोच्चार (5) योग-साधन, ध्यान आदि। 'ज्ञानामृतसार' में स्मरण, नामोच्चार, नमस्कार, पादसेवन, भक्ति से पूजा और आत्मसमर्पण; 'हरिपूजा' के छह प्रकार कहे गए हैं। 'भागवत पुराण' में श्रणव, सेवा और सख्य तीन और जोड़े गए।

## दक्षिण के आचार्य

आलवारों के उपरान्त दक्षिण भारत में कुछ आचार्य हुए, जिन्होंने आलवारों के 'प्रबन्धम्' में व्यक्त विचारों का प्रतिपादन वेद, उपनिषद, ब्रह्मसूत्र, गीता आदि के प्रमाणों से किया। ऐसे आचार्यों में नाथमुनि प्रथम (824 ई.-924 ई.) थे उनके पश्चात इस धर्म में पुंडरीकाक्ष, राममिश्र तथा यामुनाचार्य तीन प्रसिद्ध प्रचारक हुए। यामुनाचार्य के आदेश से ही रामानुजाचार्य ने महर्षि वादरायण के 'ब्रह्मसूत्र' पर अपनी टीका लिखी थी। यादवप्रकाश न इस दिशा में उनका मार्ग प्रशस्त कर दिया था।

रामानन्द सम्प्रदाय की दार्शनिक चिन्तनधारा को रामानुज के विशिष्टाद्वैत दर्शन ने पूर्णतया प्रभावित किया है, अत: उसका विशद विवेचन यहाँ आवश्यक-सा प्रतीत होता है।

शंकराचार्य ने बौद्धों के अनात्मवाद की प्रतिक्रिया में वेदान्त की आत्मपरक व्याख्या की। उन्होंने आत्मा और ब्रह्म में एकत्व स्थापित करने का प्रयास किया। उनका कथन है कि ब्रह्म सत्यं, जगन्मिथ्या यह सम्पूर्ण संसार माया का विवर्त है यही माया आत्मा-परमात्मा के मिलने के मार्ग में बाधा है उन्होंने इस मायात्मक संसार को न तो सत्य माना है और न पूर्ण असत्य ही। इसे उन्होंने उसी प्रकार भ्रम बतलाया है जैसे रज्जु में सर्प का अनुमान। जब इस माया का ज्ञान मनुष्य को हो जाता है तब वह ब्रह्म से एकाकार हो जाता है (अहं ब्रह्मास्मि)। इस प्रकार शंकर ने अद्वैतवाद और मायावाद के सहारे ज्ञान को प्रधानता दी और ज्ञान के द्वारा ही ब्रह्म से आत्मा के एकत्व की भावना का प्रतिपादन किया।

इस भावना के खंडनार्थ तथा भक्तिभाव के प्रचारार्थ कि केवल भाव-भक्ति से काम नहीं चलनेवाला था और आवश्यकता इस बात की थी कि वेदान्त सूत्रों की तर्कसम्मत भक्तिपरक व्याख्या की जाए। इस प्रकार शंकर के अद्वैतवाद के विरोध में, जो भक्ति के मूल पर ही आघात करता था, दक्षिण में विभिन्न आचार्यों द्वारा वेदान्त की भक्तिपरक व्याख्या हुई। इन आचार्यों ने अपने-अपने ढंग से व्याख्याएँ लिखीं। परिणामस्वरूप इन आचार्यों के द्वारा कई सम्प्रदायों को जन्म मिला, जिनमें श्री सम्प्रदाय, निम्बार्क सम्प्रदाये तथा मध्व सम्प्रदाय प्रमुख हुए। आगे चलकर जब वैष्णव भक्ति का प्रत्यावर्तन उत्तरी भारत में हुआ तो इन आचार्यों का प्रभाव उत्तरी भारत की भक्ति-भावना पर पड़ा। इस प्रकार उत्तरी भारत के कवियों पर इनमें से विभिन्न सम्प्रदायों का प्रभाव लक्षित होता है।

दक्षिण में सबसे पहले आचार्य नाथ मुनि हुए। उनके उत्तराधिकारियों में यामुनाचार्य तथा रामानुजाचार्य प्रसिद्ध हो गए हैं। उन्होंने श्री सम्प्रदाय का प्रचलन किया। उन्होंने अपनी व्याख्या और सिद्धान्त-प्रतिपादन को स्वयं लक्ष्मी जी प्रसूत बताया और फलस्वरूप अपने सम्प्रदाय का नाम

श्री सम्प्रदाय रखा। रामानुज ने अद्वैतवाद के प्रतिकूल विशिष्टाद्वैतवाद का प्रतिपादन किया और प्रधानतया तीन तत्त्वों को माना—ईश्वर, जीव और जगत। संसार को मायात्मक न बतलाकर ईश्वर का अंश अर्थात उसकी लीला का विस्तार बतलाया। रामानुज ने निर्गुण और निर्विशेष ब्रह्म का प्रतिपादन नहीं किया, प्रत्युत सगुण और सविशेष ब्रह्म का प्रतिपादन किया। ब्रह्म विशेष्य है और जीव तथा जगत उसके विशेषण हैं। विशेष्य से विशेषण को अलग नहीं किया जा सकता। अत: ब्रह्म, जीव और जगत की एकता स्वयं सिद्ध है। इस चित (जीव) अचित (जगत) से विशिष्ट ब्रह्म को मानने के कारण यह मत विशिष्टाद्वैत कहा गया। ईश्वर और जीव शंकर की भाँति पूर्णरूपेण एक नहीं माने गए, प्रत्युत केवल वे इसी रूप में एक हैं कि ईश्वर सम्पूर्ण सृष्टि में व्याप्त है, वह अंशी है और जीवन तथा जगत उसके अंश हैं अथवा वह विशेष्य है और अन्य दो उनके विशेषण हैं। इस प्रकार इनका सम्बन्ध अंशांशी अथवा विशेषण-विशेष्य-सम्बन्ध है, जो एक होते हुए भी पूर्णतया एक नहीं हैं। इस प्रकार विशिष्टाद्वैत का प्रतिपादन करके रामानुज ने भक्ति के लिए मार्ग उन्मुक्त कर दिया है। यदि ब्रह्म और जीव में एकदम अन्तर ही नहीं होता तो कौन भक्ति करता किसकी? इसीलिए शंकर ने ज्ञान को प्रमुखता दी और कर्मकांड आदि को साधन बतलाया। परन्तु रामानुज ने नामस्मरण, कीर्त्तन भजन आदि को प्रमुख स्थान दिया और ज्ञान को भक्ति को साधन बतलाया तथा भक्ति का मोक्ष-साधन का मार्ग।

इस विशिष्टाद्वैत के सिद्धान्त का प्रचार उत्तरी भारत में रामानन्द के द्वारा हुआ। रामानन्द ने विष्णु की भक्ति का प्रचार उनके अवतारी राम के रूप में ग्रहण किया, जब कि अन्य आचार्यों ने उसे कृष्ण के रूप में ग्रहण किया था। रामानन्द की शिष्य परम्परा में एक ओर कबीर आदि सन्त हो चुके हैं जो अद्वैतवादी थे। उन पर रामनाम का प्रभाव अवश्य है, परन्तु विशिष्टाद्वैत के प्रतिकूल उनके राम निर्गुण और निर्विशेष हैं। उनके अन्तर्गत साधना की एक मिली-जुली पद्धति दीख पड़ती है, जिस पर विचार आगे होगा। परन्तु दूसरी ओर उन्हीं की शिष्य-परम्परा में

गोस्वामी तुलसीदास हुए, जिन्होंने ज्ञान और भक्ति का समन्वय करने का प्रयास किया—

*ज्ञानहि भक्तिहिं नहिं कछु भेदा।*
*उभय हरहिं भव सम्भव खेदा।।*

परन्तु फिर भी भक्ति के प्रति उनका विशेष आग्रह है। इस प्रकार सगुण-निर्गुण में भी कोई भेद नहीं और अगुण, अरूप तथा अलख जो ब्रह्म है, वही भक्त के प्रेम से सगुण रूप धारण करता है। भक्ति के लिए सगुण रूप श्रेष्ठ है। अत: उनका आग्रह स्पष्ट रूप से सगुण भक्ति की ओर है। इस प्रकार समन्वय का प्रयास करते हुए तुलसीदास जी का पक्षपातपूर्ण आग्रह अपनी प्रिय सगुण भक्ति की ओर है, जिसके लिए कई तर्कहीन तर्क भी उपस्थित किए गए हैं।

रामानुज के उपरान्त विम्बार्काचार्य ने अपने सनकादि-समप्रादय का प्रवर्तन किया, जो निम्बार्क सम्प्रदाय के नाम से भी प्रसिद्ध है। इसमें द्वैताद्वैतवाद का आश्रय ग्रहण किया गया। इसमें ब्रह्म और जीव में भेद भी माना गया है और अभेद भी। ईश्वर जीव का अंश है, अंश का अर्थ टुकड़ा नहीं है। सर्वशक्तिमान ईश्वर अपनी शक्ति के अंशों को जीव रूप में परिणत करता है। इस प्रकार एक सीमा तक रामानुज और निम्बार्क के दार्शनिक प्रतिपादन में साम्य है, परन्तु जहाँ रामानुज अद्वैत पक्ष पर अधिक बल देते हैं, वहाँ निम्बार्क द्वैत पर अधिक आग्रह करते हैं। निम्बार्क ने लक्ष्मीनारायण के स्थान पर राधाकृष्ण की भक्ति पर बल दिया। इस मत का प्रभाव उत्तरी भारत पर पर्याप्त पड़ा। परन्तु मध्यकालीन कृष्ण भक्तों पर इस मत का सीधा प्रभाव नहीं पड़ा, प्रत्युत चैतन्य महाप्रभु तथा अन्य कई सम्प्रदायों के माध्यम से पड़ा, जिनका दार्शनिक मतवाद विशेष न होकर साधना-पद्धति का ही आग्रह विशेष था।

मध्वाचार्य में शंकर के अद्वैतवाद और मायावाद की तीव्र प्रतिक्रिया थी। उन्होंने रामानुज के विशिष्टाद्वैत और निम्बार्क के द्वैताद्वैत की भाँति कुछ समझौते का मार्ग न ग्रहण करके ब्रह्म और जीव में पूर्ण द्वैत भाव को व्यक्त करते हुए अपने द्वैतवाद का प्रतिपादन किया। इस मत में

भी राधाकृष्ण दोनों की उपासना स्वीकृत हुई। परन्तु इसका भी विशेष प्रभाव उत्तरी भारत में नहीं हुआ। इसके प्रतिकूल विष्णु स्वामी द्वारा प्रवर्तित शुद्धाद्वैतवाद को आगे बढ़ानेवालों में वल्लभाचार्य जी का नाम विशेष उल्लेखनीय है। इन्होंने अद्वैतवाद को मायावाद से पृथक करके शुद्ध किया, अत: यह शुद्धाद्वैतवाद कहा गया। इसमें ब्रह्म को रागात्मक वृत्तियों द्वारा प्राप्त करने की विधि का प्रतिपादन हुआ। इसमें भक्त के लिए प्रयत्न की आवश्यकता नहीं होती, उसे पूर्ण आत्मसमर्पण करना ही विधेय है। भक्ति तो उसे भगवद्कृपा स्वरूप ही प्राप्त हो सकती है। इसे पारिभाषिक शब्दों में पुष्टिमार्ग कहते हैं। भक्ति को जन-मन के अत्यधिक निकट लाने का जो प्रयास रामानुज के समय से प्रारम्भ हुआ था, वह वल्लभाचार्य तथा चैतन्य महाप्रभु के द्वारा पूरा हुआ। भजन, कीर्त्तन और पूजा पद्धति इनकी भक्ति के प्रमुख अंग हैं। इन्होंने कृष्ण भक्ति के बाल गोपाल रूप को ही विशेष प्रश्रय दिया, परन्तु आगे चलकर इसमें राधा के प्रवेश के कारण दाम्पत्य भाव की भक्ति का भी समावेश हुआ। वल्लभाचार्य के मत की अभिव्यंजना हिन्दी में 'अष्टछाप' के नाम से प्रसिद्ध भक्त कवियों द्वारा हुई। इनमें सूरदास और नन्ददास प्रमुख हैं। इनके द्वारा कृष्ण की बाल लीलाओं का वर्णन तथा दाम्पत्यभाव की भक्ति का वर्णन अत्यन्त सरस भाषा तथा जन-मन आकर्षक शैली में हुआ। इन भक्तों की रचनाओं में पुष्टिमार्गीय सिद्धान्तों तथा आत्मसमर्पण की भावना का पूर्ण प्रभाव दीख पड़ता है। इस भक्ति के प्रभावस्वरूप भक्तों का मन ब्रज की माधुरी में इतना रम गया कि वे शाहंशाहों से भी कह सके—

*सन्तन को कहा सीकरी सो काम।*
*आवत जात पनहियां टूटीं बिसरि गयो हरि नाम।।*

आचार्यों द्वारा प्रतिपादित इन प्रमुख वैष्णव भक्ति के सम्प्रदायों का उल्लेख हो जाने के उपरान्त हमें कुछ और सम्प्रदाय भी दीख पड़ते हैं, जिसका प्रभाव मध्यकालीन कृष्ण भक्तों पर पड़ा। ये सम्प्रदाय अपने कोई विशिष्ट दार्शनिक मतवाद नहीं रखते हैं, प्रत्युत इनमें केवल साधना

की पद्धति का रूप ही प्रबल है और उसी के आधार पर सम्प्रदायों की रचना भी हुई।

चैतन्य महाप्रभु ने बंगाल में अपने सम्प्रदाय का प्रवर्तन किया। बंगाल में विष्ण-भक्ति का बहुत कम प्रचार था। वहाँ काली और मनसा के रूप में शक्ति की उपासना अधिक प्रचलित थी। अत: स्वभावत: ही चैतन्य ने कृष्ण के साथ शक्ति रूप में राधा की उपासना को भी उतना ही स्थान दिया, ताकि यह पूजा-पद्धति लोकप्रिय हो सके। इस प्रकार इनके द्वारा राधा-कृष्ण की युगल भक्ति तथा नाम और लीला-कीर्त्तन की पद्धतियों का प्रसार हुआ। इस सम्प्रदाय में चैतन्य के उपरान्त रूप गोस्वामी प्रसिद्ध हुए, जिन्होंने 'भक्तिरसामृत सिन्धु' तथा 'उज्ज्वल नीलमणि' जैसे ग्रन्थों की रचना की। इनके द्वारा माधुर्य भाव की जिस भक्ति का विकास हुआ, उसी स्रोत से आगे चलकर राधा-कृष्ण की ओट में लौकिक शृंगार की शत-सहस्त्र धाराएँ बह निकलीं और रीति-काव्य को प्रश्रय मिला। कदाचित इस प्रकार के साहित्य का प्रथम स्रोत 'उज्ज्वलनीलमणि' में ही मिलता है। यह अनुसन्धान का विषय है। इसी से प्रभावित होकर राधा-वल्लभी तथा हरिदासी अथवा सखी सम्प्रदायों का प्रादुर्भाव हुआ।

## रामानन्द स्वामी का प्रादुर्भाव

डॉ. बदरीनारायण श्रीवास्वत ने स्वामी रामानन्द के ऊपर रामानुजाचार्य के प्रभाव को बताते हुए लिखा है, ''दार्शनिक मतवाद की दृष्टि से रामानन्द स्वामी रामानुजाचार्य के विशिष्टाद्वैत से अधिक प्रभावित थे। फिर भी 'तत्त्ववाद' उनके लिए अधिक महत्त्वपूर्ण नहीं था, उनके युग को तत्त्ववाद की आवश्यकता भी न थी। रामानन्द ने रामानुज के 'लक्ष्मीनारायण' के स्थान पर 'सीताराम' को अपना आराध्य बनाया और रामानुज के आचार-विचार का परित्याग कर उन्होंने अपनी भक्ति पद्धति को बहुत ही सरल किया। रामानुज के विपरीत उन्होंने भक्ति का द्वार हिन्दू-मुसलमान, ब्राह्मण-शूद्र, पुरुष-स्त्री सभी के लिए उन्मुक्त कर दिया। इस दृष्टि से उनका दृष्टिकोण बहुत ही क्रान्तिकारी था।

उनके युग में किसी प्रकार के समन्वयप्रधान मत की आवश्यकता थी। मैकलिफ आदि विद्वानों के मत से रामानन्द की विचारधारा को काशी के मुल्लाओं ने भी प्रभावित किया होगा। किन्तु, भारत के लिए यह उदारता और क्रान्ति नई नहीं थी। गौतमबुद्ध, महावीर स्वामी तथा वैष्णवाचार्य वासुदेव और स्वयं आलवार भक्तों का भी दृष्टिकोण इतना ही उदार था। रामानन्द वस्तुतः इन्हीं महान सुधारकों की परम्परा में आते हैं। उनके प्रखर व्यक्तित्व ने ही क्रान्तिकारी कबीर और सुधारवादी तुलसी को जन्म दिया था।[8]

## सन्दर्भ


1. 'भागवत-सम्प्रदाय' : बलदेव उपाध्याय, पृ. 51-67.
2. 'वैष्णव धर्म का विकास और विस्तार', कृष्णदत्त भारद्वाज, एम. ए., कल्याण, वर्ष 16,अंक 4.
3. वही, पृ. 3.
4. भारतीय संस्कृति : शिवदत्त ज्ञानी, पृ. 207.
5. रामानन्द सम्प्रदाय और हिन्दी साहित्य पर उसका प्रभाव, पृ 10-11.
6. रामानन्द सम्प्रदाय तथा हिन्दी साहित्य पर उसका प्रभाव, पृ. 12.
7. राधाकृष्णन्-इंडियन फिलासफी, पृ 708.
8. अष्टछाप और वल्लभ-सम्प्रदाय : डॉ. दीनदयाल गुप्त; भाग 1,पृ. 38.

अध्याय-2

# जीवन और रचनाएँ : समीक्षा की कसौटी

भारतवर्ष में जब रामानन्द स्वामी का आविर्भाव हुआ था, उस समय पूरे भारत के समाज की धार्मिक स्थिति बड़ी ही विचित्र थी। उस समय हिन्दू, इस्लाम, जैन, नाथ, योगी आदि पन्थ प्रचलित थे। लोगों में बाह्याडम्बर एवं पाखंड वृत्ति प्रचलित थी। ऐसे धार्मिक अराजकता के युग में जाति-पाँति एवं ऊँच-नीच के भेद-भाव को मिटाकर भारतीय लोगों के हृदय में सत्य एवं सदाचरण का भाव जागृत कर सच्ची शान्ति स्थापित करने का यशस्वी कार्य स्वामी रामानन्द जी ने किया। इन्होंने सभी के लिए भक्ति के द्वार खोल दिए। उन्होंने सबके लिए एक नित्य एवं शाश्वत सत्य के अस्तित्व का प्रतिपादन कर उसे अपने जीवन में अनुभव करने तथा उतारने का परामर्श दिया। पतनोन्मुख संस्कृति का परित्राण करके उन्होंने हिन्दू धर्म का डंका बजा दिया। अन्य वर्ग के लोग भी इनके विराट व्यक्तित्व से प्रभावित हुए। इस प्रकार रामानन्द ने रामभक्ति की पावनकारी भागीरथी बहाकर लोगों को अभीष्ट सुख एवं आनन्द की उपलब्धि का मार्ग सुझाया।

स्वामी रामानन्द के निश्चित समय के सम्बन्ध में मतभेद है। सिकन्दर लोदी के समय में इनकी विद्यमानता का उल्लेख मिलता है। उनकी जन्म-तिथि निश्चित करने में हमें अनुमान का सहारा लेना पड़ता है। ''भविष्य पुराण'' में स्वामी जी के समय में सिकन्दर लोदी के होने का उल्लेख मिलता है। सिकन्दर लोदी 1489 ई. अर्थात सं. 1545-46 वि. में दिल्ली का शासक हुआ, इससे रामानन्द स्वामी का सं.

1545-46 तक जीवित रहना प्रमाणित होता है। अगस्त्य संहिता के आधार पर इनकी जन्म तिथि सन् 1299 ई. माघ कृष्ण सप्तमी, चित्रा नक्षत्र, सिद्धि योग, कुम्भ लग्न, दिन के सात दंड चढ़ने पर गुरुवार को मानी जाती है।

हिन्दी के प्रमुख विद्वानों में श्री परशुराम चतुर्वेदी[1], डॉ. पीताम्बरदत्त बड़थ्वाल[2], डॉ. रामकुमार वर्मा[3], स्वामी शिवानन्द जी[4], स्वामी भगवदाचार्य जी[5], डॉ. बदरीनारायण श्रीवास्तव[6] एवं श्री अवधकिशोरदास जी[7] आदि इस मत से सहमत हैं।

अन्य उल्लेख अवधकिशोर दास के ''धर्मलोक के तारे'' में मिलता है, जहाँ स्वामी जी के बारह प्रसिद्ध शिष्यों की नामावली इस प्रकार वर्णित है—

*''अनन्तानन्द, कबीर, सुखा, सुरसुरा, पद्मावती, नरहरि।*
*पीपा, भावानन्द, रैदास, धना, सेन-सुरसुर की घरि।।*
*और शिष्य अनेक एक ते एक उजागर*
*विश्व-मंगल आधार भक्ति दशधा के आगर।।''*

इन शिष्यों में कबीर का समय सं. 1455 से 1575 वि. तक माना गया है, जिसके अनुसार स्वामी रामानन्द का 1475 के आसपास तक जीवित रहना प्रमाणित होता है। आचार्य रामचन्द्र शुक्ल के अनुसार रामानन्द का समय विक्रम की 15वीं शती के चतुर्थ एवं 16वीं शती के तृतीय चरण के भीतर माना जा सकता है।[8]

सबसे पहले फर्कुहर ने स्वामी रामानन्द का समय 1400 ई. से 1470 ई. (अर्थात सं. 1456 से सं. 1526) तक माना। इस निष्कर्ष पर पहुँचने का कारण स्पष्ट करते हुए उन्होंने लिखा है—

''उनके (स्वामी रामानन्द के) राजा-शिष्य पीपा ई. सन् 1425 में पैदा हुए थे, जबकि उनका दूसरा शिष्य कबीर, जान पड़ता है 1440 से 1518 ई. तक जीवित रहा। यह स्पष्ट है कि वह (कबीर) रामानन्द का अन्तिम शिष्य नहीं था। अस्तु, हम सत्य से बहुत दूर नहीं रहेंगे? यदि

हम अनुमान करें कि रामानन्द लगभग 1400 से 1470 ई. तक जीवित रहे तो हम इस अनुमान में आगे-पीछे दस वर्ष की गलती कर रहे होंगे, परन्तु इससे अधिक की नहीं।

"श्री ज्ञानेश्वर चरित्र" (लेखक 'मुमुक्षु[9]', सम्पादक लक्ष्मण रामचन्द्र पांगारकर और भाषान्तरकार लक्ष्मण नारायण गर्दे के अनुसार श्री ज्ञानेश्वर महाराज के पिता विठ्ठल पन्त काशी के स्वामी रामानन्द के शिष्य थे और चैतन्याश्रम नाम से प्रसिद्ध थे। एक बार स्वामी रामानन्द सौ-पचास शिष्यों को साथ ले रामेश्वर यात्रा को निकले और संयोगवश आलन्दी में डेरा डाला और ज्ञानेश्वर महाराज की माता रुक्मिणीबाई को "पुत्रवतीभव" कहकर आशीर्वाद दिया, जिसे सुन रुक्मिणीबाई को हँसी आ गई। हँसी का कारण पूछने पर स्वामी जी को ज्ञात हुआ कि बहू उन्हीं के शिष्य चैतन्य की पत्नी है। वे रामेश्वर न जा सके, सीधे काशी लौटे और चैतन्याश्रम को गृहस्थाश्रम में लौटने को विवश किया। गृहस्थ बनने के पश्चात विठ्ठल पन्त की चार सन्तानें हुईं जिनमें दूसरे पुत्र ज्ञानेश्वर थे, जिनका आविर्भाव काल सं. 1332 वि. माना जाता है। इस उल्लेख के अनुसार स्वामी रामानन्द का आविर्भाव काल सं. 1300 वि. से भी पूर्व मानना पड़ेगा। पं. बलदेव उपाध्याय स्वामी रामानन्द का समय 1410 ई. से 1510 ई. तक मानते हैं।[10]

डॉ. रामप्रसाद त्रिपाठी के अनुसार कबीर का समय चौदहवीं शताब्दी का उत्तरकाल और सम्भवत: पन्द्रहवीं शताब्दी का पूर्वकाल मानना अधिक युक्तिसंगत है।[11] रामानन्द स्वामी के समय-निर्धारण में "अगस्त्य संहिता" के मत को अधिक मान्यता मिली है। सम्प्रदाय के उपासक एवं विद्वान भी इस मत का अवलम्बन करते हैं। भिन्न-भिन्न दृष्टिकोणों से विचार करने पर भी संवत् 1356 वि. स्वामी रामानन्द का जन्म मान लेना अनुचित नहीं प्रतीत होता। अनेक प्रामाणिक सूत्रों के आधार पर त्रिलोचन एवं नामदेव दो सन्तों को रामानन्द का पूर्ववर्ती माना जाता है। आचार्य विनयमोहन शर्मा[12] नामदेव का समय शके 1192 में बताते हैं। त्रिलोचन का जन्म-काल सं. 1324 वि. में माना गया है। यदि रामानन्द स्वामी का

जन्म सं. 1356 वि. मान लिया जाए तो उपर्युक्त महाराष्ट्र सन्त उनके पूर्ववर्ती या कम-से-कम अग्रज ही ठहरते हैं।

रामानन्द-सम्प्रदाय में माघ कृष्ण सप्तमी को प्रतिवर्ष रामानन्दीय मठों, मन्दिरों में स्वामी रामानन्द की जयन्तियाँ बड़े धूमधाम से मनाई जाती हैं। साम्प्रदायिक मत सम्प्रदायवालों को भी मान्य है। अत: ''अगस्त्य संहिता'' वाला मत ही (माघ कृष्ण, सप्तमी, संवत् 1356 वि.) अधिक समीचीन प्रतीत होता है।

**जन्म स्थान**

रामानन्दीय विद्धान श्री गोपालदास ने वैष्णव-धर्म रत्नाकर नामक ग्रन्थ में रामानन्द को दाक्षिणात्य माना है। इसके सन्दर्भ में एक किंवदन्ती भी प्रसिद्ध है—

*''भक्ति द्राविड़ ऊपजी लाये रामानन्द।*
*परगट किया कबीर ने सप्त दीप नव खंड।।''*

डॉ. हजारीप्रसाद द्विवेदी ने भी इस मत का समर्थन किया है। रामानन्द को दाक्षिणात्य माननेवाले विद्धानों ने अपने मत के समर्थन में किसी प्रमाण का आश्रय न लेकर जन-श्रुति का सहारा लिया है। भागवत-माहात्म्य में भक्ति ने स्वयं कहा है—

*''उत्पन्ना द्राविड़े साहं वृद्धिं कर्नाटके गता।*
*क्वचित्क्वचिन्महाराष्ट्रे गुर्जरे जीर्णता गता।। मं. 48*

इसी का ''भक्ति द्राविड़ ऊपजी'' अनुवाद प्रतीत होता है। रामानन्द स्वामी इसी द्राविड़ भक्ति के प्रमुख आचार्य थे, न कि द्राविड़ देश में पैदा हुए थे। आधुनिक विद्धानों में डॉ. पीताम्बरदत्त बड़थ्वाल, डॉ. बदरीनारायण श्रीवास्तव, श्री वैष्णवाचार्य जी एवं स्वामी भगवदाचार्य जी आदि प्राय: सभी विद्धान इस मत से सहमत हैं। सम्प्रदाय के प्रमुख विद्धान तथा रामानन्द के जीवन-वृत्त पर प्रकाश डालनेवाले साम्प्रदायिक ग्रन्थ स्वामी जी का जन्म-स्थल प्रयाग ही मानते हैं।

फर्कुहर ने रामावत सम्प्रदाय की रामोपासना को तमिल प्रान्त की रामोपासना का विकास अनुमान करते हुए माना है कि स्वामी रामानन्द दक्षिण से रामोपासना लेकर आये थे और उत्तर भारत में उसका प्रचार किया।[13]

परन्तु फर्कुहर का यह अनुमान सत्य नहीं है। फर्कुहर का यह अनुमान सम्भवत: सत्य है कि रामानन्द स्वामी की रामोपासना का सम्बन्ध दक्षिण की रामोपासना से है, परन्तु उसके लानेवाले स्वामी रामानन्द नहीं, उनके गुरु स्वामी राघवानन्द थे। इसके प्रमाण में एक श्लोक मिलता है—

*वन्दे श्री राघवाचार्य रामानुजलोद्भवम्।*
*थाम्यादुत्तरमागत्य राममन्त्र प्रचारकम्।।*[14]

ऐसी परिस्थिति में साम्प्रदायिक मत अधिक दृढ़ प्रतीत होता है। रामानन्द का जन्म प्रयाग में हुआ था, सम्प्रदाय की मान्यता के अनुसार, दारागंज में स्थित हरीत माधव मन्दिर जहाँ वर्तमान समय में है, वहीं उनका जन्म स्थान माना जाता है। यह गंगा-तट के निकट ही है। यहाँ प्रतिवर्ष उनकी जन्मतिथि पर उत्सव होता है और कुम्भ के अवसर पर पूरे समय श्रीमठ पीठ के आचार्य यहाँ रहते हैं और विविध कार्यक्रमों का आयोजन करते हैं। यहाँ संस्कृत विद्यालय चलता है।

## माता-पिता

''अगस्त्य संहिता'' के अनुसार रामानन्द के पिता का नाम पुण्यसदन और माता का नाम सुशीलादेवी था। डॉ. पीताम्बरदत्त बड़थ्वाल, श्री परशुराम चतुर्वेदी तथा डॉ. बदरीनारायण जी श्रीवास्तव ''अगस्त्य संहिता', के ही मत के पोषक हैं। साम्प्रदायिक विद्वान स्वामी भगवदाचार्य और स्वामी वैष्णवाचार्य जी भी उपर्युक्त मत से सहमत हैं। ''प्रसंग पारिजात'' में रामानन्द की माता का नाम सुखीदेवी लिखा है, किन्तु यह मत सम्प्रदायवालों को स्वीकार्य नहीं है। श्री कालिदास रामकृष्णदास[15] एवं श्री अवधकिशोरदास जी[16] ने भी रामानन्द स्वामी की

जीवनी का उल्लेख करते हुए पिता का नाम पुण्यसदन और माता का नाम सुशीलादेवी बताया है।

## जाति और गोत्र

''अगस्त्य संहिता'' के अनुसार रामानन्द के पिता जी पुण्यसदन कान्यकुब्ज ब्राह्मण थे। साम्प्रदायिक ग्रन्थों में भी इस मत को स्वीकार किया गया है। ''प्रसंग पारिजात'' में पुण्यसदन को वाजपेयी कहा गया है, किन्तु बहुमत रामानन्द को कान्यकुब्ज ब्राह्मण की मानता है। ''भविष्यपुराण'' भी इसी मत का समर्थन करता है।[17] स्वामी भगवदाचार्य जी के मतानुसार स्वामी जी त्रिदंडी संन्यासी थे, और गोत्र उनका वही था जो उनके पिता का था।[18]

वैष्णव-धर्म-रत्नाकार[19] में लिखा है कि स्वामी रामानन्द का पूर्व नाम भारती था और वे गोसाई थे। पीछे जब राघवानन्द के शिष्य हुए तो रामानन्द नाम पड़ा। ''श्री रामानन्द दिग्विजय'' में भी भगवदाचार्य ने लिखा है कि पुत्र के कारण पुण्यसदन शर्मा की सम्पत्ति में अतुल वृद्धि हुई तथा लक्ष्मी से उनकी कीर्ति भी बढ़ गई। अतएव उन्होंने रा-मा इन दो अक्षरों के साथ नन्द जोड़कर उस बालक का रामानन्द नाम रखा। ''रामानन्द-धर्म-प्रकाश'' नामक गुजराती पुस्तक में उल्लेख मिलता है कि स्वामी रामानन्द साधु के वेश में पैदा हुए। उनके पिता पुण्य सदन नन्द के अवतार और माता सुशीला देवी यशोदा का अवतार थीं। द्वापर में भगवान के वियोग से नन्द और यशोदा को परम दु:ख हुआ तब भगवान ने वचन दिया कि कलियुग में आप लोग ब्राह्मण होंगे और मैं आपके घर साधु-वेश में अवतार लूँगा।[20] उसी पुस्तक में यह भी लिखा है कि स्वामी जी अपनी माता को आत्मिक ज्ञान देकर स्वयं काशी में शिवमार्गी गिरिजाशंकर के पास गए और उनके साधु-संस्कार लेकर राम-भारती के नाम से प्रसिद्ध हुए।[21]

उपर्युक्त मत का कोई पुष्ट प्रमाण नहीं मिलता। सम्प्रदायवाले भी इन मतों से सहमत नहीं हैं।

## बाल्यकाल

महापुरुषों का बचपन भी निराला ही होता है। रामानन्द की चपलता भी गम्भीरतापूर्ण थी। कहा जाता है कि ये रोज घर से नये वस्त्र पहन कर खेलने जाते थे। खेलते समय अनाथ बच्चों को वे वस्त्र दे देते थे और उनके बीच बैठ रामधुन लगाते थे। एक दिन त्रिवेणी संगम पर स्नान कर इन्होंने पत्थर के टुकड़े इकट्ठे किए और सभी लड़कों को पास बुलाकर कहा, 'देखो, तुम्हें भक्ति और श्रद्धा की सामर्थ्य दिखाऊँ—देखो, ये हैं श्रीराम और ये हैं श्रीजानकी जी, ये लक्ष्मण जी और ये हैं हनुमान जी।'' लड़के इस बात पर हँसने लगे। रामानन्द ने कहा, ''तुम्हें मालूम नहीं, देखो ये चरण हैं और जंघा, यह कटि।'' ऐसा कहकर वे हाथ उठाकर शृंगार करने लगते और स्नानार्थ आये हुए सभी नर-नारियों को मानों घाट पर ही प्रभु के दर्शन मिल जाते हों, ऐसा प्रतीत होने लगता था।[22] जब बालक रामानन्द पाँच वर्ष के होने को आये तब उनकी सुन्दरता और भी निखर आयी। वे जब गीत गाते तो आसपास के लोग सुनने के लिए दौड़े आते, गीत को बड़े चाव से सुनते और बालक को जबरन चूमकर, आशीष देकर अपने-अपने गृह को चले जाते। पाँच वर्ष पूर्ण होने पर बालक ने स्वाभाविक रूप से वेद-गान करना प्रारम्भ कर दिया।[23]

## उपनयन संस्कार एवं शिक्षा

स्मृतिकार कहते हैं कि उपनयन संस्कार के बिना वेदाभ्यास नहीं हो सकता और वेदों के अध्ययन के बिना ईश्वर या समूचे विश्व का अपरोक्ष ज्ञान नहीं होता। इसलिए द्विजों को जीवन के प्रारम्भिक काल में अर्थसहित वेदाभ्यास करना चाहिए। कहा गया है—

*ब्रह्मवर्चसकामस्य कार्य विप्रस्य पंचमे।*
*राज्ञो बलार्थिनः पष्ठे वैश्यस्येहार्थिनोअष्टमे।''*

अर्थात ब्रह्म तेज की कामना करनेवाले ब्राह्मण बालक का पाँचवें वर्ष में, शारीरिक बलाभिलाषी क्षत्रिय का छठे वर्ष में एवं धनार्थी वैश्यपुत्र

का आठवें वर्ष शर्मा जी ने छह वर्ष की अवस्था में उनका यज्ञोपवीत संस्कार करवाया।

श्री कालिदास[24] का मत है कि रामानन्द का उपनयन संस्कार बड़ी धूम-धाम से सम्पन्न हुआ।[25] ज्योतिषियों के बताये गए परम पवित्र मुहूर्त्त में ही स्वामी जी का उपनयन संस्कार हुआ। स्वामी भगवदाचार्य जी ने, ''रामानन्द दिग्विजय'' में इस विधि का वर्णन करते हुए लिखा है कि, ''उस उपनयन संस्कार रूप उत्सव के आरम्भ में उत्तम विधि सम्पादन करने के लिए विमानों पर चढ़कर स्वर्ग से सब देवता आये थे।'' उपवीत संस्कार में तत्कालीन प्रयागवासी सभी पंडितों ने भाग लिया। कहा जाता है कि पुरोहित ने गायत्री मन्त्र सुनाकर हँसते-हँसते रामानन्द से कहा, ''बेटा! यह तो मन्त्र है गायत्री वेद जननी है, इसका अर्थ बड़ा गूढ़ है, अभी तो तुम बच्चे हो, जब तुम बड़े हो जाओगे तब इसका अर्थ सिखाऊँगा।'' रामानन्द ने कहा, ''पूज्य! कुछ तो मैं जानता हूँ, जरा सुन लेते और भूल हो तो सुधार देते।'' यों कहकर रामानन्द गायत्री प्रणव का रहस्य समझाने लगे। उपस्थित विद्धन्मंडली सुनकर स्तब्ध हो गई। इन्होंने प्रणव और गायत्री में छिपे हुए श्रीराम तत्त्व का जो बोध दिया, लोगों के दिलों पर उसकी अमिट छाप लग गई।[26] तत्पश्चात श्री पुण्यसदन जी बालक को काशी के सुप्रसिद्ध विद्वान श्री वैष्णव त्रिदंडी सन्यासी जगद्गुरु श्री राघवानन्दाचार्य के पास वेद एवं वेदांगों की शिक्षा प्राप्त्यर्थ छोड़ गए। रामानन्द पिता के पूज्य गुरुदेव राघवानन्द जी के ''पंचगंगा'' पर स्थित भव्य श्री वैष्णव मठ में विद्याध्ययन करने लगे। थोड़े ही समय में रामानन्द ने व्याकरण, वेद, वेदान्त, न्याय, सांख्य, योग मीमांसा, ज्योतिष आदि का विधिवत अध्ययन कर लिया। कुशाग्र बुद्धि होने के कारण शास्त्रर्थ में काशी विजयाकांक्षा से समागत विद्वान उनसे परास्त होने लगे।[28]

आचार्य परशुराम चतुर्वेदी[29] ने बताया है कि लड़कपन में इन्हें पढ़ने के लिए काशी भेजा गया था, जहाँ पर ये सम्भवत: शंकराद्वैत मत के के प्रभाव से अपनी शिक्षा समाप्त कर अन्त में विशिष्टाद्वैती

स्वामी राघवानन्द के शिष्य हो गए। तत्त्व ज्ञान उन्हें गुरु से ही मिला था।

रामानन्द का योग से सम्बन्ध माननेवाली तापसी शाखा के भक्तों का यह कथन है कि रामानन्द ने गिरनार के आबू पर्वत पर योग-साधना करके सिद्धि प्राप्त की थी।[30] साम्प्रदायिक धारणा के अनुसार रामानन्द ने आठ वर्ष की से विद्यारम्भ किया और चार वर्ष में ही पंडित हो गए। कुछ विद्वानों के मत से रामानन्द ने अद्वैतियों के ज्योतिर्मठ में ब्रह्मचारी रहकर वेदान्त का अध्ययन भी किया था।[31]

धीरे-धीरे विश्वनाथपुरी के विद्वानों में यह बात फैल गई—

वेदशास्त्र पुराण में—और गीता ज्ञान में।<br>
अखिलवाणी विलास में—सूत्रभाष्योल्लास में।।<br>
यन्त्र-मन्त्र तन्त्रादि में—सिद्धि सब योगादि में।<br>
हुआ शिष्य सब में पूर्ण—करे मद दुर्जनों का चूर्ण।।<br>
करके शास्त्रार्थ—हुए सब व्यर्थ।<br>
बने हरि भक्त—ईश अनुरक्त।।

*बाल वृद्ध नर-नारि सब, करते हैं सानन्द।*<br>
*ध्वनि गूँजती गगन में जय-जय रामानन्द।।*

श्री रामानन्द जी की अवस्था जब 25 वर्ष के करीब हो गई तब उनके मामा-पिता उन्हें घर ले जाने के लिए काशी आये। श्री राघवानन्द ने रामानन्द को बुलाकर उनका समावर्तन संस्कार करते हुए उन्हें गृहस्थाश्रम में प्रवेश करने की वैदिक आज्ञा प्रदान की।[32]

परन्तु परमवैराग्यवान श्री रामानन्द जी ने मानवता, भारत-देवश, हिन्दू जाति और वैदिक श्री वैष्णव धर्म की रक्षा के लिए जीवनपर्यन्त विरक्त रहना ही स्वीकार किया।[33] उन्होंने कहा कि मैंने इस प्रकार का ज्ञान सम्यक प्रकारेण प्राप्त कर लिया है तो मुझे यह लौकिक क्षणिक सूत्रों का परित्याग करके देश सेवा में सद्यः जुट जाना चाहिए, क्योंकि—

*''न त्वहं कामये राज्यं न च भोगाः सूखानि च।*<br>
*कामये दुःखतप्तांनां प्राणिनामार्तिनाशनम्।।*

अर्थात मैं राज्य-सुख को भोगना नहीं चाहता। मैं भोग और सुखों की कल्पनाओं से दूर हूँ। मैं तो दुखी प्राणियों के दुःख दूर करना चाहता हूँ। अन्ततोगत्वा श्री राघवानन्द जी ने वैदिक वैष्णव विधि से श्री रामानन्द जी को तारकमन्त्र-राज षड्क्षर श्री रामतन्त्र की दीक्षा के साथ त्रिदंड संन्यास दिया।[34]

आशीर्वाद देते हुए गुरुदेव ने प्रिय शिष्य से कहा—

*करो पुत्र विमुखों को भक्ति परायण।*
*करें सभी श्री रामचरित्र का गायन।।*
*जग-जग-कर्ता के स्वरूप को पहचाने।*
*दुःखद द्वन्द्व से छूट प्रेम रस छानै।''*

इसके पश्चात इन्होंने साधुओं और विद्वानों से सहायता माँगी और कहा कि जनता तक उनके शब्दों को पहुँचाने का काम साधुओं और पंडितों का है। उन्होंने कहा कि बर्बर विदेशियों के सामने अस्त्र-शस्त्रों का प्रयोग क्षत्रिय लोग करेंगे। साधु-महात्माओं और पंडितों का कार्य सांस्कृतिक है। काशी की विद्वान-मंडली ने इस कार्य को अच्छी तरह सँभाला और इसलिए वे सर्वथा समर्थ होकर अपने धर्म और वैदिक साहित्य को बचा सके।

## गुरु

स्वामी रामानन्द के गुरु स्वामी राघवानन्द के विषय में प्रसिद्ध है कि उन्होंने भक्ति आन्दोलन का नेतृत्व ग्रहण का भक्तों को मान प्रदान किया था तथा सारी पृथ्वी पर अपनी धाक जमाकर वे स्थायी रूप से काशी में बस गए थे।[36]

श्री अवधकिशोरदास जी[37], श्री कालिदास रामकृष्णदास[36] और स्वामी त्रिभुवनदास जी[39] आदि विद्वान स्वामी राघवानन्द को ही रामानन्द के गुरु मानते हैं।

भक्तमाल के वार्षिक तिलक में रूपकला जी ने श्री रामतन्त्र-राज परम्परा दी है, जो इस प्रकार है—

1. सर्वेश्वर श्रीरामचन्द्र जी
2. श्रीजगज्जननी जानकी जी
3. श्रीहमुमान जी
4. श्रीब्रह्म जी
5. श्रीवशिष्ठ जी
6. श्रीपाराशर जी
7. श्रीव्यास जी
8. श्रीशुकदेव जी
9. श्रीपुरुषोत्तमाचार्य जी
10. श्री गंगाधराचार्य जी
11. श्री सदाचार्य जी
12. श्री रामेश्वराचार्य जी
13. श्री द्वारानन्द जी
14. श्री देवानन्द जी
15. श्री श्यामानन्द जी
16. श्री चिदानन्द जी
17. श्री पूर्णानन्द जी
18. श्री श्रियानन्द जी
19. श्री हर्यानन्द जी
20. श्री राघवानन्द जी
21. श्री रामानन्द जी।[40]

इस परम्परा से भी यह स्पष्ट होता है कि स्वामी रामानन्द के गुरु स्वामी राघवानन्द जी थे। भक्त नाभादास के समकालीन तथा सहतीर्थी जानकीदास के पोते-चेले तथा वैष्णवदास के चेले मिहीलाल ने अपने ''गुरु प्रकरण'' नामक ग्रन्थ में लिखा है—

*श्री अवधूत वेष को धारे, राघवानन्द सोई।*
*तिनके रामानन्द जग जाने, कलि कल्यानमई।*

भक्तमाल की टीका में रूपकलाल जी ने लिखा है, ''स्वामी रामानन्द आठ वर्ष की अवस्था में विद्यारम्भ कर चार वर्ष में ही पंडित हो गए और बारह वर्ष की अवस्था में काशी आये और किसी दंडी संन्यासी के शिष्य होकर स्मार्त रीति से अपने धर्म-कर्म में प्रवृत्त हुए। प्रथम आपका नाम रामदत्त था। एक दिन उन्होंने स्वामी राघवानन्द जी के पास जाकर प्रणाम किया। स्वामी जी कृपा-दृष्टि से देख भावी वार्त्ता को जान कहने लगे कि तुम्हारे शरीर का तो आयुष्य भी पूर्ण हो चुका अभी तक हरि-शरणागत नहीं हुए। यह सुन आपने अपने दंडी गुरु से सब बात कही। विज्ञ दंडी स्वामी ने उस बात को सत्य विचारकर कहा कि बात तो सत्य है परन्तु इसका उपाय मेरे किए न हो सकेगा। तुम उन्हीं महानुभाव की शरण में जाकर शरीर की रक्षा करो। ऐसा हितोपदेश पाकर अपने स्वामी राघवानन्द को साष्टांग प्रणाम कर विनय की, कि, ''हे प्रभु! यह शरीर और आत्मा आपको अर्पण है, इसकी दोनों लोकों में रक्षा कीजिए।'' तब स्वामी जी ने श्रीराम षड्क्षर-मन्त्र आदि पंच-संस्कार कर रामानन्द नाम दिया और प्राणायाम आदि रीति बता, उतारने की युक्ति भी सिखाकर समाधि में भी स्थित कर दिया। कुछ काल पश्चात आप समाधि से उठ श्रीमन्त्र जाप और गुरु-सेवा में तत्पर हुए।

वैष्णव-धर्म-रत्नाकर के लेखक गोपालदास[41] के मतानुसार रामानन्द पहले किसी संन्यासी के शिष्य होकर स्मार्त रीति से अपने धर्म-कर्म में प्रवृत्त हुए थे, किन्तु एक दिन राघवानन्द से उनकी भेंट हो गई। राघवानन्द ने रामानन्द को आसन्न-मृत्यु से बचा लिया। और इसके बाद कहा जाता है कि दंडी ने रामानन्द को राघवानन्द के समर्पित कर दिया था।

उपर्युक्त मत की पुष्टि के लिए सबल प्रमाण उपलब्ध नहीं होते। हो सकता है यह मात्र एक किंवदन्ती ही हो जिसमें कितना सत्य है, कहा नहीं जा सकता।

अगस्त्य संहिता[42] तथा भविष्यपुराण[43] आदि ग्रन्थों के अनुसार रामानन्द के गुरु राघवानन्द थे। स्वयं रामानन्द ने राघवानन्द स्वामी को

अपना गुरु बताया है। रामानन्द सम्प्रदायवाले "अगस्त्य संहिता" के मत को ही मान्य रखते हैं।

## तीर्थाटन

स्वामी रामानन्द ने श्री वैष्णव धर्म का प्रचार-प्रसार करने के लिए भारत में यात्राएँ कीं। यात्रा के दौरान मार्ग में अनेकानेक सभाओं को सम्बोधित करते जगद्गुरु जी ने वैदिक धर्म का प्रचार किया। इनके मुँह से वेदों की महिमा सुनकर जनता आनन्द में भर गई और पुनः हजारों वर्ष पुराने अपने धर्म-ग्रन्थों में आस्था रखने लगी। श्री वैष्णव धर्म का प्रचार करते हुए श्री जगद्गुरु जी ने रामेश्वर, मदुराई एवं त्रिची में श्री रामयज्ञ सम्पन्न किए। श्री वैष्णव मत का प्रचार करते हुए नीलगिरि जाकर कुछ काल यहाँ व्यतीत किए। फिर कृष्णा के किनारे-किनारे से सांगली, सोलापुर, महाबलेश्वर होकर नासिक गए। नासिक में भी रामयज्ञ का आयोजन कर बौद्ध एवं अद्वैतियों के असत सिद्धान्तों का खंडन किया।

तीर्थाटन करते समय रामानन्द के अनेक शिष्य हो गए। अपने इस शिष्य समुदाय को लेकर मथुरा, वृन्दावन, पुष्कर, आबू, सिद्धपुर, गिरनार आदि तीर्थों में घूमते-फिरते ये द्वारका पहुँचे। द्वारिका में छह महीनों तक इन्होंने वास किया। इस समयावधि में कच्छ, काठियावाड़ और गुजरात के अनेक भक्त आपके प्रिय शिष्य बन गए। गिरनार पर कुछ सुबुद्धिवाले सिद्धों ने आतंक जमा रखा था, आपने सब का निवारण कर वहाँ भगवान का मन्दिर बनवाया, आपकी चरण-पादुका लोगों ने पधरायी जो अब भी पूजी जाती है। फिर आप सिद्धपुर आकर कुछ दिन राम चौक में ठहरे।[44] स्वामी रामानन्द की दिग्विजय-यात्रा में गुजरात विशिष्ट उल्लेख मिलता है।[45] उन्होंने स्वयं द्वारका, सिद्धपुर, गिरनार और आबू आदि विभिन्न स्थानों का भ्रमण कर अपने मत का प्रचार किया था। आबू और जूनागढ़ की पहाड़ियों पर स्वामी जी के चरण-चिह्न मिलते हैं।

अर्बुदाचल पहाड़ पर वशिष्ठाश्रम में कुछ दिन निवास कर जैन धर्म के साधुओं की शंकाओं का निवारण कर उन्हें प्रभु-भक्त बनाया और

वहाँ रघुनाथ मन्दिर बनवाया।[46] बहुत से राजाओं ने आप को अपनी राजधानी में ले जाना चाहा परन्तु आपने केवल उदयपुर के ऐतिहासिक स्थलों को देखने की इच्छा से जाना पसन्द किया। वहाँ राजा ने आपका एक स्मारक बनवाया, इस घटना का उल्लेख वहाँ के ताम्रपत्र में मिलता है।[47] उज्जैन की यात्रा के पश्चात स्वामी जी अमरकण्टक के लिए विदा हो गए। मार्ग में लाखों लोगों को कृतार्थ किया और परम पवित्र श्री वैष्णव धर्म में दीक्षित होने पर जन-समूह को वैदिक जीवन का आत्यन्तिक सुख प्राप्त हुआ।[48]

## स्वामी रामानन्द का गोलोक-गमन

स्वामी रामानन्द की मृत्यु-तिथि के सन्दर्भ में विद्वानों में पर्याप्त मतभेद है। यह उतनी ही अनिश्चित है जितनी उनकी जन्म-तिथि। पं. रामनारायणदास द्वारा सम्पादित ''अगस्त्य संहिता'' में मृत्यु-तिथि सं. 1469 वि. वैशाख शुक्ल 3 है।

अधिकांश रामानन्दीय विद्वान ''अगस्त्य संहिता'' के इस मत से सहमत हैं। डॉ. बड़थ्वाल[49] ने भी इस तिथि को रामानन्द की मृत्यु-तिथि के रूप में स्वीकार किया है। श्री कृष्णलाल[50] लिखते हैं—

कबीर, रैदास पीपा आदि के आविर्भाव काल का विचार करते हुए यह अनुमान लगाया जा सकता है कि स्वामी रामानन्द सं. 1491-92 तक जीवित थे। यदि हम उनकी अवस्था 135-136 वर्ष की मान लें तो सरलता से उनका समय सं. 1356 से 1491-92 तक स्वीकार कर सकते हैं और सभी बातों का विचार करने पर यह समय असंगत नहीं जान पड़ता।

साम्प्रदायिक विद्वान स्वामी वैष्णवाचार्य जी[51] सं. 1532 में रामानन्द का साकेत गमन बताते हैं। प्रस्तुत मत के समर्थन में कोई प्रबल प्रमाण उपलब्ध नहीं होता। अनेक लोगों ने रामानन्द के जीवन एवं मृत्यु की तिथियों के सम्बन्ध में तर्क एवं अनुमान का सहारा लिया है। ''अगस्त्य संहिता'' की रामानन्द सम्प्रदायवाले अपना साम्प्रदायिक मान्य ग्रन्थ

समझते हैं। इस ग्रन्थ के आधार पर रामानन्द स्वामी की मृत्यु तिथि सं. 1467 वि. वैशाख शुक्ल तृतीया को मानना ही अधिक श्रेयस्कर प्रतीत होता है।

## स्वामी रामानन्द की रचनाएँ

डॉ. बदरीनारायण श्रीवास्तव ने स्वामी रामानन्द द्वारा लिखित कहे जानेवाले निम्नलिखित ग्रन्थों की सूची दी है—

1. श्री वैष्णवमताब्जभास्कर
2. श्री रामार्चन पद्धति
3. श्री गीता भाष्य
4. उपनिषद भाष्य
5. आनन्द भाष्य
6. सिद्धान्त पटल
7. रामरक्षा स्तोत्र
8. योग चिन्तामणि
9. श्री गुरु रामानन्द-कबीर जी का ज्ञान-तिलक
10. श्री रामाराधनम
11. वेदान्त विचार
12. रामानन्दादेश
13. राममन्त्र जोग ग्रन्थ
14. रामअष्टक
15. ग्यान लीला
16. कुछ फुटकल पद
17. अध्यात्म रामायण

उपर्युक्त ग्रन्थों में कुछ ग्रन्थ ऐसे हैं जिनको सम्प्रदाय के प्रामाणिक ग्रन्थ माना गया है और कुछ ग्रन्थ ऐसे हैं जिन्हें तर्क द्वारा स्वामी जी-कृत कहा गया है।

आचार्य रामचन्द्र शुक्ल[53] का कहना है कि रामानन्द जी के रचे हुए केवल दो संस्कृत के ग्रन्थ मिलते हैं—"वैष्णवमताब्जभास्कर" और "श्री रामार्चन पद्धति।" इधर साम्प्रदायिक झगड़े के कारण कुछ नये ग्रन्थ रचे जाकर रामानन्द जी के नाम से प्रसिद्ध किए गए हैं, जैसे—ब्रह्म सूत्रों पर आनन्द भाष्य और भगवद्गीता भाष्य, जिनकी स्थिति सन्दिग्ध है।

इनकी कही जानेवाली संस्कृत रचनाओं में से 'श्री वैष्णवमताब्ज-भास्कर" इनके प्रमुख सिद्धान्तों का परिचायक ग्रन्थ जान पड़ता है। इसी प्रकार "श्री रामार्चन पद्धति" इनकी पूजन-प्रणाली का पतादेने वाली पुस्तक कही जा सकती है। इन दोनों के इनके द्वारा रचित होने में मतभेद भी कम दीख पड़ता है।[54]

"श्री वैष्णवतमताब्जभास्कर" एवं "श्री रामार्चन पद्धति" इन दो ग्रन्थों को स्वामी रामानन्द जी कृत माननेवाले हिन्दी के विद्वान समुदाय में पंडित रामचन्द्र शुक्ल, डॉ. पीताम्बरदत्त बड़थ्वाल, डॉ. रामकुमार वर्मा, आचार्य परशुराम चतुर्वेदी आदि के नाम उल्लेखनीय हैं तथा स्वामी वैष्णवाचार्य, स्वामी भगवदाचार्य तथा पं. रघुवरदास वेदान्ती आदि रामानन्द-सम्प्रदाय के प्रमुख लेखक भी उक्त दोनों रचनाओं को स्वामी रामानन्द कृत स्वीकार करते हैं। अत: हम यहाँ इन दोनों ग्रन्थों का परिचय एवं स्वामी जी कृत हिन्दी रचनाओं का संक्षिप्त विवरण प्रस्तुत करेंगे—

### (1) श्री वैष्णवमताब्जभास्कर

प्रस्तुत ग्रन्थ में रामानन्द के पट्ट शिष्य सुरसुरानन्द ने निम्न प्रश्न पूछे हैं—

तत्त्व क्या है? जप किसका किया जाए? इष्ट ध्यान क्या है? मुक्ति का साधन क्या है? वैष्णव कितने प्रकार के होते हैं? उनके लक्षण क्या हैं? उन्हें काल-क्षेप कैसे करना चाहिए? वे निवास कहाँ करें? इन प्रश्नों के उत्तर में स्वामी रामानन्द ने अपने मत का व्याख्यान किया है, जिससे सूक्ष्म रूप में पन्थ का सारा स्वरूप व्यक्त हो गया है।

प्रस्तुत ग्रन्थ संस्कृत भाषा में लिखा गया है। आजकल इन ग्रन्थ की दो प्रमुख प्रतियाँ प्राप्त हैं, एक के सम्पादक हैं पं. रामटहल दास और दूसरी के श्री भगवदाचार्य जी। रामानन्द सम्प्रदाय में इस ग्रन्थ का अत्यन्त महत्त्व है।

### (2) रामार्चन पद्धति

"रामार्चन पद्धति" शुद्ध कर्मकांड का ग्रन्थ है। इस ग्रन्थ में रामानन्द ने अपनी गुरु परम्परा और राम की पूजा करने की विधियों का विस्तार से वर्णन किया है। इसमें उपासक के शरीर की शुद्धि तथा उसके नित्य कर्म के सम्बन्ध में विस्तृत, चर्चा की गई है। मूर्ति-स्नान, पार्षदों का आह्वान, भगवान का षोडशोपचार से पूजन, श्री राम की स्तुति, राजभोग, भागवतों को प्रसाद-अर्पण आदि प्रस्तुत ग्रन्थ का वर्ण्य विषय है।

### रामानन्द की हिन्दी रचनाएँ

रामानन्द की हिन्दी रचनाओं में श्री सम्प्रदाय के भक्ति-तत्त्वों के अतिरिक्त योग-साधना आदि का जो समावेश परिलक्षित होता है, उसका कारण यही है कि रामानन्द अपने सम्प्रदाय में विभिन्न विरोधी मतों को भी समेट लेना चाहते थे। स्वामी रामानन्द ने स्वयं भी लोक-भाषा में रचनाएँ कीं और अपने शिष्यों को भी हिन्दी में रचनाएँ प्रस्तुत करने के लिए प्रेरित किया।

रामानन्द का जो प्रथम पद प्रकाश में आया उसमें उन्होंने हनुमान की आरती की है। आरती में कुल 5 पद हैं। इसके पूर्व एक पद हरि-स्तुति आरती का है। यह पद इस प्रकार है—

*आरति कीजै हनुमान लला की। दुष्ट दलन रघुनाथ कला की।।*
*जाके बल गरजै महि काँपे। रोग सोग जाके सिमाँ न चाँपे।।*
*अंजनी-सुत महाबल-दायक। साधु सन्त पर सदा सहायक।।*
*बाएँ भुजा सब असुर संघारी। दाहिन भुजा सब सन्त उबारी।।*
*लछिमन धरनि में मूर्छि पर्‌यो। पैठि पताल जमकातर तोर्‌यो।।*

*आनि सजीवन प्रान उबार्यो। मही सबन के भुजा उपार्यो।।*
*गाढ़ परै कपि सुमिरौं तोहीं। होहु दयाल देहु जस मोहीं।।*
*लंका कोट समुन्दर खाई। जात पवन सुत बार न लाई।।*
*लंक पजारि असुर सब मार्यो। राजा रामजि के काज सँवार्यो।।*
*घण्टा ताल झालरी बाजै। जगमग जोति अवधपुर छाजै।।*
*जो हनुमान जी की आरती गावै। बसि बैकुण्ठ परम पद पावै।।*
*लंक विध्वंस किए रघुराई। रामानन्द (स्वामी) आरती गाई।।*
*सुर नर मुनि सब करहीं आरती। जै जै जै हनुमान लाल की।।* [55]

इस पद की आचार्य रामचन्द्र शुक्ल तथा डॉ. रामकुमार वर्मा जैसे विद्वान रामानन्द कृत ही मानते हैं।

## ज्ञान-तिलक

ज्ञान-तिलक कबीर और रामानन्द के बीच संवाद रूप में है। उसके आदि में कबीर के अब तक अप्राप्त दो तथा टूटे-फूटे रूप में चार साखियाँ जुड़ गई हैं। मूल ग्रन्थ इनके पीछे आरम्भ होता है। पहले आये हुए पद्यों में कबीर पहुँचे हुए सन्त रूप में दिखाई देते हैं। सम्भवत: ये यह दिखाने के लिए आदि में रखे गए हैं कि इतनी पहुँच के सन्त कबीर रामानन्द के शिष्य थे अर्थात उन्हीं की शिक्षा के कारण वे इतनी पहुँच को पहुँचे। इस प्रकार ये पद्य रामानन्द की ही महिमा प्रकट करते है।[56]

श्री बदरीनारायण श्रीवास्तव[57] इस ग्रन्थ का लेखक कबीर दास को मानते हैं। सभा की रिपोर्ट के उद्धरण द्वारा श्रीवास्तव जी कहते हैं कि यह ग्रन्थ स्वामी रामानन्द कृत नहीं है। इसके प्रमाण में इन्होंने जो उद्धरण प्रस्तुत किया है वह इस प्रकार है—

*गुरु रामानन्द जी के बदन पर सदके करूँ सरीरा।*
*अब की बार उबार लेहु स्वामी कम धुज दास कबीरा।।*

या

*''इति श्री गुरु रामानन्द कबीर जी का ज्ञान तिलक सम्पूर्णम् है।।''*[58]

वस्तुत: ऐसे संवादों को परम्परा सन्तों की है और प्राय: ये संवाद शिष्यों द्वारा रचित हैं।

**राम-रक्षा स्तोत्र**

श्री कृष्णलाल "राम-रक्षा" को बड़े महत्त्व की एवं प्रामाणिक रचना मानते हैं। इसका विवरण देते हुए वे लिखते हैं—

"यह ठीक वैसी ही रचना है जैसी उस समय में सार्वजनिक मन पर अधिकार कर अपने सिद्धान्तों के प्रचार करने का इच्छुक व्यक्ति लिख सकता था। मन्त्र-तन्त्र का उस समय बड़ा चलन था। मारण, मोहन, उच्चाटन, वशीकरण आदि नाना प्रकार के प्रयोग चलते थे। इसी भाँति उनसे बचने के लिए कील-कवच और शरीर-रक्षा के अन्य मन्त्र-तन्त्रों का प्रयोग होता था। राम-रक्षा इन्हीं पिछले शरीर-रक्षा मन्त्रों की शैली पर लिखी गई रचना है, जिनका स्वयं मन्त्र-तन्त्र से सम्बन्ध नहीं है, किन्तु जो लोगों के मन में मन्त्र-तन्त्रों के स्थान की पूर्ति के लिए रची गई है।[59]"

इस ग्रन्थ की एक और प्रति आचार्य पं. रामचन्द्र शुक्ल के पास थी, जिसकी सूचना उन्होंने अपने "हिन्दी साहित्य का इतिहास" नामक ग्रन्थ में दी है।[60] उसका नमूना इन्होंने इस प्रकार दिया है—

"सन्ध्या तारिणी सर्वदु:ख विदारिणी। सन्ध्या उच्चरे विघ्न टरै। पिंड प्राण कै रक्षा श्रीनाथ निरंजन करै। नाँद-नाँद सुषुम्ना के चाजे सज्जा। चाचरी, भूधरी, चेचरी, अगोचरी, उनमनी पांच मुद्रा सधत साधु राजा।

डरे डुंगरे जले और थले बाटे घाटे औध बट : निरंजन निराकार रक्षा करै। बाघ बाघिनी का करौ मुख काला चौंसठ जोगिनी मारि कुटका किया, अखिल ब्रह्मांड तिहुँलोक में दुहाई फिरिदा करै। दास रामानन्द ब्रह्म-राम-रक्षा स्तोत्र से चीन्हा सोइ निज तत्त्व ब्रह्म ज्ञानी।"[60]

प्रस्तुत ग्रन्थ को रामानन्द कृत मानने से इन्कार करते हुए श्री शुक्ल जी लिखते हैं कि झाड़-फूँक के काम के ऐसे स्तोत्र भी रामानन्द जी के गले मढ़े गए हैं। डॉ. रामकुमार वर्मा का मत है—

"सम्प्रदाय सम्बन्धी एक ग्रन्थ का पता चलता है। वह है 'राम-रक्षा स्तोत्र' या 'संजीवनी मन्त्र', पर उस ग्रन्थ की रचना इतनी निम्न कोटि की है कि वह रामानन्द के द्वारा लिखा गया ज्ञात नहीं होता। यह भी सम्भव हो सकता है कि मन्त्र या स्तोत्र लिखने में प्रतिभा का प्रदर्शन नहीं हो पाता।... सम्भव है प्रारम्भिक राम-रक्षा स्तोत्र रामानन्द ने लिखा हो। बाद में उसका रूप विकृत हो गया हो। यह भी सम्भव है कि रामानन्द के शिष्यों में से किसी ने रामानन्द के नाम से ही ग्रन्थ लिख दिया हो। जो, हो, यह रचना अत्यन्त साधारण है।"[62]

भाषा-शैली एवं विषय की दृष्टि से प्रस्तुत ग्रन्थ को निम्न कोटि का बताते हुए डॉ. बदरीनारायण श्रीवास्तव की 'रमा-रक्षा स्तोत्र' को रामानन्द कृत स्वीकार नहीं करते।

**योग चिन्तामणि**

योग चिन्तामणि अध्यात्म का ग्रन्थ है इसका प्रारम्भ इस प्रकार हुआ है—

*ओम प्रकट बिकट रे भाई। काया (गढ़) चढ़ा न जाई।।*
*पछिम (दि) शा की घाटी। फौज खड़ी है ठाढ़ी।।1।।*
*जहाँ नाद-बिन्दु की हाथी। सतगुरु ले चल साथी।।*
*सतगुरु साह विराजै। नौबत नाम की बाजै।।2।।*

* * *

*अब उलटा चढ़ना दूर। जहाँ नगर है पूर।।*
*तन कर फिकिर कर भाई। जिसमें राम रोसनाई।।8।।*
*सुरत नगर का कर सम्बल। जिसमें आत्मा का महल।।*
*इन्द्रियाँ सिन्धु मूल मिलियाँ। जिस पर रषना बाँचा पाँव।।9।।*

* * *

*कहैं रामानन्द बच्चा अगम पन्थ का मेला।*
*तढंडा रोपा गैयब का हो सरोवर के तीर।।20।।*

*मोती की झालर लगी हीरों का परकास।*

*चन्द्र सूर्य का गम नहीं जहाँ दर्शन पावै दास।।23।।*

प्रस्तुत ग्रन्थ का परिचय पं. रामचन्द्र शुक्ल अपने 'हिन्दी साहित्य का इतिहास' में देते हुए लिखते हैं—

"रामानन्द स्वामी और योग का सम्बन्ध दिखाने के लिए स्वामी रामानन्द के नाम से चलाये हुए दो रद्दी ग्रन्थ हमारे पास हैं—एक का नाम है 'योग चिन्तामणि' दूसरे का नाम है—'राम-रक्षा स्तोत्र'।[63] अर्थात शुक्ल जी के मतानुसार 'योग चिन्तामणि' रामानन्द कृत नहीं है।

डॉ. बदरीनारायण श्रीवास्तव लिखते हैं—

मुझे तो ऐसा प्रतीत होता है कि जिस प्रकार रामानन्दी सम्प्रदाय की तपसी शाखा में 'सिद्धान्त-पटल' का प्रचार कर दिया गया है, उसी प्रकार 'राम-रक्षा स्तोत्र' और 'योग चिन्तामणि' भी स्वामी रामानन्द जी के गले मढ़ दिए गए हैं। ऐसी परिस्थिति में इस ग्रन्थ को स्वामी जी कृत नहीं माना जा सकता है।"[64] परन्तु मुझे लगता है कि रामानन्द स्वामी ने योग को शरीर शुद्धि का साधन मानते हुए योग का वर्णन किया है। यह भक्ति के विरोध में नहीं अपितु भक्ति के लिए शरीर की शुद्धि और शरीर पर नियन्त्रण हेतु लिखा गया है। शरीर का सम्बन्ध योग से होने पर भक्ति का योग मन से भलीभाँति होता है।

**ग्यान-लीला**

13 छन्दों में इस पद में भगवान के गुण गाने तथा भक्ति करने का उपदेश दिया गया है, जो इस प्रकार है—

*अथग्रन्थ ग्यान लीला लिषते।*

*मूरष तन धर कहा कमायो, राम भजन बिन जनम गमायो।*

*राम भक्ति गति जानी नाहीं, भूई भलौ धन्धा माही।।1।।*

*मेरी मेरी करतौ फिरीयौ, हरि सिवरण तौ कबू न करीबौ।*

*नीरी सेती नेह लगायौ, कबहूँ हृदे राम न आयो।।2।।*

*सुष माया सुषरो पीयारी, कबहूँ न सिवरौ सिरजन हारी।*

*जोबर मदमाती अभिमानी, पर षट भटकत संक न आनी।।3।।*
*स्वारथ माँहि चहूँ दिस ध्यायो, गोविन्द को गुण कबहूँ न गायो।*
*अैसैं अैसैं करत ब्युहारा, आयो साहब का हलकारा।।4।।*
*बन्ध्यौ काल कीयो चौरंगा, सुत बेटी नार न कोई संगा।*
*जेतै कर्म कीया है भारी, सो अब संग सु चले तुमारी।।5।।*
*जम आगैं ते ठाढ़ौ कीन्ही, धर्मराज बूझन कूँ लीन्हौ।*
*कीधा कौल कीया तुम कर्मा, रिजनहार न भज्यौ निसरमा।।6।।*
*जिग पाणी सु पैदा कीयौ, नर सो रूप तोहि कूँ दीयौ।*
*जे तूँ बिसर्यौं मूरष अन्धा, तौ तूँ आयौ जम कै बन्धा।।7।।*
*हरि की कथा सूणी नहीं काना, तौ तूँ नाँही जम सूँ बाना।*
*साधु संगत कबहूँ नहीं रह्वौ, मुषसूँ राम कबू नहीं कह्वौ।।8।।*
*हरि की भगत करौ नर नारी, धरमराय यूँ कहे विचारी।*
*मोकु दोस न दीज्यौ कोई, जिसा करम भुगताऊँ सोई।।9।।*
*पाप पुन कूँ न्यारा ठाणु, जो तुम करम करो सो जाणु।*
*तुमरा करम तुमै भुगताऊँ, आदि पुरस की आग्या पाऊँ।।10।।*
*साहिब की आग्या है मोऊँ, माहा कसौटी देहूँ तोकूँ।*
*घड़ी-घड़ी का लेषा लेहूँ, कर्मादिक देरा भर देहूँ।।11।।*
*है हरि बिना कूँन रषवारौ, चित्त दे सिवरौ सिरजन होरौ।*
*संकट तै हरि लेह उबारी, निस दिन सिवरौ नाँव तुमारी।।12।।*
*नाँव न केवल सब तैं न्यारा, रटत अघट होय उजारा।*
*रामानन्द युँ कहे समझाई, हरि सिवर्या जम लोक न जाई।।13।।*
*इति ग्यान लीला सम्पूर्ण।*

'रामानन्द की किन्ही रचनाएँ' पुस्तक में आर्य-भाषा पुस्तकालय (काशी नागरी प्रचारिणी सभा) की 2421/1409से 2444/1409 संख्यक हस्तलिखित ग्रन्थ के आधार पर रामानन्द के दो पद दिए गए हैं जो इस प्रकार हैं—

**राग बसन्त**

*कहाँ जाइये घरिहीं लागौ रंग।*
*मेरौ चित्त न चलै मन भयौ अपंग।।टेक।।*
*जहाँ जाऊँ तहाँ जल पषान।*
*पूरि रहे हरि श्रब समान्त।।*
*बेद सुमृत सब मेल्हे जोइ।*
*जहाँ जाइये जे हरि इहाँ न होइ।।1।।*
* * *

*न तहाँ नाभि न नाली तार।।1।।*
*न तहाँ ब्रह्मा सिब बिशन।*
*न तहाँ चौबीसौं बय बरन।।2।।*
*न तहाँ दीसै माया मंड।*
*रामानन्द स्वामी रमै अषंड।।3।।*

दूसरा पद इस प्रकार है—

**राग सोरठि**

*ताथैं न कछु रे संसारा।*
*हमारे राम को नांउ अधारा।।टेक।।*
*गुड़ का चीटा गुड़ खाई।*
*गुड़ मांहि रह्मौ उरझाई।।*
*गुड़रती एक मीठा होई।*
*पीछै दुख पावै सोई।।1।।*
* * *

*रामानन्द सुरमणि गावै।*
*ताषैं भिनि समझावै*[65] *।।2।।*

सिक्खों के गुरु ग्रन्थ साहब में भी रामानन्द के दो पद मिलते हैं। पं. रामचन्द्र शुक्ल जी ने एक पद अपने इतिहास में दिया है जो इस प्रकार है—कहाँ जाइए हो षरि लागो रंग। मेरो चित चंचल मन भयो अपंग।।

*जहाँ जाइए तहँ जल पषान। पूरि रहे हरि सब समान।।*
*वेद स्मृति सब मेल्हे जोइ। जहाँ जाइए हरि इहाँ न होइ।।*
*एक बार मन भयो उमंग। षसि चोवा चन्दन चारि अंग।।*
*पूजत चाली ठाइँ ठाइँ। सो ब्रह्म बतायो गुरु आप माँइ।।*
*सतगुर में बलिहारी तोर। सकल बिकल भ्रम जारे मोर।।*
*रामानन्द रमे एक ब्रह्म। गुरु कै एक सबद काटै कोटि क्रम्म*[66] *।।*

निर्गुण उपासना के इस पद को दृष्टिगत, रखते हुए वे लिखते हैं, "ग्रन्थ साहब में उद्धृत दोनों पद श्री वैष्णव भक्त रामानन्द जी के नहीं हैं, और किसी रामानन्द के हों, तो हो सकते हैं।[67]

खम्भात से प्राप्त एक फुटकल रचनाओंवाली हस्त प्रति में स्वामी रामानन्द का एक हिन्दी पद उपलब्ध हुआ है, जिसमें लंका विजय के पश्चात श्री राम के अयोध्या-आगमन का वर्णन है, जो इस प्रकार है—

*राधोबंसी हो राम मेरे मन में बसी मन बसी*
*मेरे हृदे बसो राघोबंसी हो ... ।।टेक।।*
*सीता मेरि मात पिता मेरे राम*
*लछमन धनुष चढ़ाये कर बान।।1।।*
*गले मेरे तुलसी मुष मेरे राम*
*हरदे बिराजे स्वामी साल्यण राम।।2।।*
*हाथीयन ऊपर छोड़त निसांन*
*सुरिनर मुनीजन चढ़हैं विमांन।।3।।*
*तोड़ी गढ़ लंका फिर गई आन*
*भक्त विभिसन पायो विसरांम।।4।।*
*आगे-आगे राम लछमन पीछे हनुमान*
*आये हैं अजोध्या पुष्प विमान।।5।।*
*पुरि है अयोध्या पुरन धाम*
*आ धुन गावे स्वामी रामानन्द।।6।।*[68]

रामानन्द कृत कही जानेवाली इन रचनाओं में सन्दर्भ में श्री कृष्णलाल अपना मत देते हुए कहते हैं—

"संकुचित अर्थ में ये साहित्यिक रचनाएँ नहीं हैं। वैसे भी ज्ञान-तिलक, योग-चिन्तामणि और राम-रक्षा कुछ विकृत रूप में हमें प्राप्त होते हैं। उनमें विशेषकर पिंगल के नियमों का पालन नहीं हुआ है। भाषा भी व्यवस्थित नहीं है।[69] डॉ. बदरीनारायण का मानना है कि जहाँ तक उपलब्ध सामग्री का प्रश्न है, रामानन्द के नाम पर प्रचलित हिन्दी ग्रन्थ प्राय: अप्रामाणिक ही है। अभी तक जो भी हिन्दी ग्रन्थ स्वामी जी के नाम पर उपलब्ध हुए हैं, उनकी भाषा-शैली बड़ी ही निम्न कोटि की है। छन्द-नियम-हीन तो वे हैं ही श्री राम रक्षा स्तोत्र, योग मणि चिन्तामणि, सिद्धान्त पटल भी तो इसी कोटि की रचनाएँ हैं, रामानन्द सम्प्रदाय में स्वामी जी के हिन्दी ग्रन्थों का प्रचलन एकदम नहीं है।[70]

डॉ. बदरीनारायण श्रीवास्तव ने रामानन्द स्वामी के नाम पर प्रचलित ग्रन्थों का परीक्षण कर अपना मत देते हुए उन ग्रन्थों को निम्नलिखित श्रेणियों में विभक्त किया है—

(1) रामानन्द स्वामी के प्रामाणिक मुख्य ग्रन्थ—

(क) श्री वैष्णव मताब्ज भास्कर

(ख) श्री रामार्चन पद्धति

(2) रामानन्द स्वामी के नाम पर प्रचलित ग्रन्थ—

(क) आनन्दभाष्य

(ख) 1. सिद्धान्त पटल

2. राम-रक्षा स्तोत्र

3. योग चिन्तामणि

(3) रामानन्द स्वामी द्वारा लिखित कही जानेवाली ऐसी रचनाएँ जो अब तक, प्रकाश में नहीं आ सकीं—

(क) गीताभाष्य

(ख) उपनिषदभाष्य

(ग) श्री रामाराधनम्

(घ) रामानन्द आदेश

(ङ) वेदान्त विचार

(च) राममन्त्र जोग ग्रन्थ, राम अष्टक, ज्ञान लीला—इनकी हस्तलिखित प्रतियाँ नागरी-प्रचारिणी-सभा, काशी के पुस्तकालय में सुरक्षित है।

(4) रामानन्द स्वामी की अप्रमाणित रचनाएँ—

(क) श्री गुरु रामानन्द कबीर जी का ज्ञान तिलक।

(ख) अध्यात्म-रामायण

(5) रामानन्द स्वामी के पद—

(क) आरती कीजै हनुमान लाल की

(ख) आदि ग्रन्थ में प्राप्त पद।

(ग) सर्वांगी में प्राप्त पद।

(घ) शिव-रामाष्टक।

(ङ) खम्भातवाली ह. प्र. में प्राप्त पद।

इस प्रकार रामानन्द स्वामी ने भाषा में भी रचना की थी, यह तो अवश्य प्रतीत होता है। पर वर्तमान रूप में जो कुछ सामग्री हिन्दी रचनाओं के रूप में प्राप्त है, वह रामानन्द कृत होने में सन्देह है। रामानन्द कृत कही जानेवाली रचनाओं का पूर्ण पाठ परिशिष्ट-1 में दिया गया है।

## स्वामी रामानन्द के शिष्य

भक्तमाल के आधार पर पं. रामचन्द्र शुक्ल ने स्वामी रामानन्द के बारह शिष्य बताये हैं, जो इस प्रकार हैं—

अनन्तानन्द, सुखानन्द, सुरसुरानन्द, नरहर्यानन्द, भावानन्द, पीपा, कबीर, सेन, धना, रैदास, पद्‌मवती और सुरसुरी[71] साम्प्रदायिक विद्वान श्री अवधकिशोर दास जी ने लिखा है कि द्वादश भागवन धर्मवेत्ता वैष्णवाग्रगण्य ही शिष्य रूप में अवतीर्ण होकर कलि में वैष्णव धर्म-प्रचारक बने जिसमें श्री अनन्तानन्द जी ब्रह्मा के, श्री सुरसुरानन्द जी नारद के, श्री सुखानन्द जी शंकर के, श्री नरहर्यानन्द सनतकुमार के, श्री योगानन्द जी कपिल के, श्री पीपा जी मन के, श्री कबीर जी प्रह्लाद के,

श्री भावानन्द जी जनक के, श्री सेना जी भीष्म के, श्री रैदास जी यमराज के, श्री धना जी बलि राजा के और श्री गालवाचार्य जी सुखदेव जी के अवतार माने जाते हैं।[72] अग्रस्वामी की रहस्यत्रय टीका के अनुसार भी अनन्तानन्द, सुसुरानन्द, सुखानन्द, नरहर्यानन्द, पीपा, कबीर, पद्मावती, भावानन्द, सेन, धना, रैदास, सुरसुरी और गाल्वानन्द आदि शिष्यों को द्वादश आदित्यों के समान कहा गया है।[73]

श्री परशुराम चतुर्वेदी ने इन शिष्यों की बनियों का अध्ययन करके अपना मत प्रस्तुत करते हुए लिखा है "उन पाँच व्यक्तियों (सेन, कबीर, पीपा रैदास, धना) में से कदाचित किसी ने भी स्पष्ट शब्दों में रामानन्द को अपना गुरु स्वीकार नहीं किया है और उनमें से सभी ने उनका नाम तक नहीं लिया है। कम-से-कम पीपा जी ने अपने को कबीर साहब द्वारा तथा धना ने नामदेव, कबीर साहब, रैदास तथा सेन नाई की कथाओं द्वारा प्रभावित होना स्वीकार किया है। सम्भव है उक्त सभी सन्त एक ही समय और एक ही साथ ऐसी स्थिति में वर्तमान भी न रहे होंगे जिससे उनका स्वामी रामानन्द का शिष्य और आपस में गुरु-भाई होना किसी प्रकार सिद्ध किया जा सके।[74]

इतना तो अवश्य ही कहा जा सकता है कि रामानन्द के उपदेशों की जो आत्मा (स्पिरिट) है वह इन सन्तों की बानियों में पूर्ण रूप से वर्तमान है। जिस उदार दृष्टिकोण से रामानन्द ने जीवन के सत्यों की परीक्षा की है और जिस भक्ति का उपदेश इन्होंने अपने शिष्यों को दिया था, वह पूरी की पूरी मात्रा में इन भक्तों की बानियों में पायी जाती है।[75]

मौलाना रसीउद्दीन की "जत कीर तुल फुकरा" पुस्तक से उद्धरण देते हुए श्री अवधकिशोर दास जी लिखते हैं, "इस पुरी में पंचगंगा घाट पर एक प्रसिद्ध महात्मा रहते हैं। तेज:पुंज और पूर्ण योगेश्वर हैं, वैष्णवों के सर्वमान्य आचार्य हैं, सदाचार एवं ब्रह्म निष्ठत्व के स्वरूप ही हैं... उनके शिष्यों की संख्या पाँच-सौ से अधिक है। उस शिष्य समूह में द्वादश गुरु के विशेष कृपापात्र हैं। वे कबीर, रैदास, पीपा आदि हैं।[76]

## स्वामी रामानन्द का केन्द्र-मठ

काशी हिन्दू विश्वविद्यालय, पुस्तकालय, धार्मिक विभाग, पुस्तक नं. 230/17/9 ''हिन्दुओं के धर्म पर निबन्ध और भाषण'' (प्रथम भाग) श्री एच. एच. विल्सन रचित (पृ. 48) का उद्धरण देते हुए अवधकिशोर दास जी लिखते हैं—

''श्री रामानन्दाचार्य जी का निवास काशी में पंचगंगा घाट पर था, जहाँ उनका एक मठ था जो मुसलमान बादशाहों द्वारा नष्ट कर दिया गया, ऐसा प्रसिद्ध है। वर्तमान में उस स्थान पर केवल पत्थर का चबूतरा है जिस पर वह चरण-चिन्ह है, जो उन्हीं के माने जाते है।

स्वर्गीय श्री बाबू शिवप्रसाद जी गुप्त पुस्तकालय, नगवा, काशी, कि. नं. 1519/6807 ''पवित्रपुरी काशी'' रजनीरंजन सेन बी. ए. एल-एल. बी. वकील और लॉ लेक्चरर द्वारा रचित सन् 1912 के संस्करण का उद्धरण देते हुए अवधकिशोरदास जी आगे लिखते हैं—

''ज्यों ही आप पंचगंगा घाट की सीढ़ियों से उतरकर घूमे आपको एक छोटा-सा मकान मिलेगा, जिसमें बहुत-सी मूर्तियों और शिलाओं के साथ ही एक पत्थर के चबूतरे पर आप को वह वस्तु मिलेगी जिसको श्री रामानन्द जी की चरण-पदुका कहा जाता है। ये रामानन्द बड़े भारी वैष्णवाचार्य थे और चौदहवीं शताब्दी में वर्तमान थे। ... वे बनारस में पंचगंगा घाट पर रहते थे जहाँ पर उनके अनुयायियों का एक मठ था जो कि मुसलमान बादशाहों द्वारा नष्ट कर दिया बताया जाता है।[78] आज भी यह मठ अपने अवशिष्ट रूप में वर्तमान है। सन् 1951 में यहाँ के महन्त पंडित रामलखनदास जी थे। इस समय यहाँ रामानन्द स्वामी की तथाकथित चरण-पीठिका वर्तमान है। दीवाल पर कबीर, सुरसुरानन्द, अनन्तानन्द तथा हनुमान आदि की मूर्तियाँ हैं। मुसलमानी काल में इस मठ को ध्वस्त कर दिया गया था। इस कारण यहाँ न तो साम्प्रदायिक हस्तलिखित ग्रन्थ ही मिलते हैं, और न कुछ पुराने स्मृति चिह्न ही; फिर भी वातावरण रामानन्द की स्मृति से ओत-प्रोत है। यहीं रहकर मनस्वी

ने अपने मतवाद का दृढ़ता से प्रचार किया था, यहीं उस धर्म की ज्योति फूटी थी जिसकी एक किरण तुलसी के रूप में युग-युग के अन्धकार में प्रकाश भर गई।[79]

वर्तमान में स्वामी रामनरेशाचार्य इस मठ के प्रमुख हैं जो दर्शन के अच्छे विद्वान तथा संन्यासी जगत के एक मान्य पुरुष हैं। अब वह श्री मठ पंचगंगा घाट पर नदी की धारा से सट कर बना है।

## सन्दर्भ


1. उत्तरी भारत की सन्त-परम्परा, पृ. 222.
2. हिन्दी काव्य में निर्गुण सम्प्रदाय, पृ. 81.
3. हिन्दी साहित्य का आलोचनात्मक इतिहास : डॉ. रामकुमार वर्मा, पृ. 300.
4. साधु-सन्त, पृ. 301.
5. रामानन्द-दिग्विजय, पृ. 47.
6. रामानन्द सम्प्रदाय तथा हिन्दी साहित्य पर उनका प्रभाव : डॉ. बदरीनारायण श्रीवास्तव, पृ. 70.
7. धर्मलोक के तारे, पृ. 4.
8. हिन्दी साहित्य का इतिहास : पं. रामचन्द्र शुक्ल, पृ. 108.
9. भागवत सम्प्रदाय, पृ. 253.
10. हिन्दुस्तानी, 1932 ई. , पृ. 215 (जनवरी अंक)।
11. हिन्दी को मराठा सन्तों की देन : आचार्य विनयमोहन शर्मा, पृ. 98.
12. योग प्रवाह, प्रथम, सं. 2003, पृ. 2.
13. योग प्रवाह, प्रथम, सं. 2003, पृ. 2.
14. श्री रामानन्दचार्य (प्रथम खंड ), पृ. 12.
15. धर्मलोक के तारे : श्री अवधिकिशोरदास, पृ. 4.
16. भविष्य पुराण : देवलस्य च विप्रस्य कान्यकुब्जस्य वै सुतः।
17. रामानन्द दिग्विजय : स्वामी भगवदाचार्य जी, प्रथम संस्करण की भूमिका।
18. ''वैष्णव-धर्म-रत्नाकर'' : गोपालदास, पृ. 48
19. श्रीद्रामनन्द दिग्विजये, चतुर्थ सर्ग, श्लोक 34, पृ. 63
20. श्री द्रामनन्द दिग्विजये, चतुर्थ सर्ग, श्लोक 34. पृ. 63.
21. धर्म लोक के तारे, पृ. 5।

22. श्री रामानन्द दिग्विजय, पृ. 63.
23. श्री रामानन्द सम्प्रदाय का इतिहास (पूर्वार्द्ध) : सम्पादक श्री वैष्णवाचार्य जी, पृ. 358.
24. श्री रामानन्दचार्य (प्रथम खंड), पृ. 40.
25. श्री आनन्दभाष्यम् : स्वामी रघुवाराचार्य वेदान्त-केसरी, पृ. 10.
26. धर्मलोक के तारे पृ. 6.
27. श्री रामानन्द साहित्य का इतिहास (पूर्वार्द्ध), पृ. 359.
28. श्री मंगल शिक्षाम्बुधि (भूमिका) : संशोधक स्वामी वैष्णवाचार्य जी, पृ. 7.
29. उत्तरी भारत की सन्त-परम्परा, पृ. 225.
30. हिन्दी साहित्य का इतिहास : पं. रामचन्द्र शुक्ल, पृ. 110.
31. वही, पृ. 110.
32. श्री रामानन्द सम्प्रदाय का इतिहास (पूर्वार्द्ध) : सम्पादक श्री वैष्णवाचार्य जी, पृ. 359.
33. श्री मंगलशिक्षाम्बुधि, पृ. 7.
34. वही, पृ. 8.
35. धर्मलोक के तारे : अवधकिशोरदास जी पृ. 101.
36. नाभादास : भक्तमाल, पृ. 35.
37. धर्मलोक के तारे, पृ. 7.
38. श्री रामानन्दचार्य (प्रथम खंड), पृ. 50.
39. श्री रा. स. का इ. (पूर्वार्द्ध), पृ. 359.
40. योग-प्रवाह : श्री काशी विद्यापीठ, बनारस, सं. 2003, पृ. 203.
41. वैष्णव-धर्म-रत्नाकर : श्री गोपालदास, पृ. 97.
42. ''विज्ञायराघवानन्द लब्ध्वातस्मात्षड्क्षरम।
    रहस्यत्रयवाक्यार्थ तात्पर्यार्थं च सन्मतम्—
    आचार्यलक्षणै दिव्यैर्लक्षितो वै भविष्यति।।16।।''
    —अगस्त्य संहिता : सं. पं. रामनारायणदास, पृ. 17.
43. ''बाल्यात्प्रभृत्ति सज्ञानी राघनाम परायण:।
    पित्रामात्रायदात्यवतो राघवंशरणंगत:।
    तदातुभगवान साक्षात् चतुर्दशलोकपरि:।
    सीमापतिस्तद्धृदये निवासंकृतवान्मुदा।।''
    —भविष्य पुराण, सप्तम अध्याय, चतुर्थ खंड , श्लोक 56-57.

44. धर्मलोक के तारे, पृ. 20।
45. रामानन्द सम्प्रदाय तथा हिन्दी साहित्य पर उसका प्रभाव, पृ. 9-10.
46. धर्मलोक के तारे, पृ. 25.
47. वही, पृ. 26.
48. श्री रा. स. का ई. (पूर्वार्द्ध), पृ. 370.
49. हिन्दी काव्य में निगुर्ण सम्प्रदाय : डॉ. बड़थ्वाल, पृ. 42.
50. रामानन्द की हिन्दी रचनाएँ (भूमिका) : प्रधान सम्पदाक हजारीप्रसाद द्विवेदी, पृ. 40.
51. श्री रामानन्द सम्प्रदाय का इतिहास (पूर्वार्द्ध) : स्वामी वैष्णवाचार्य जी, पृ. 372.
52. डॉ. बदरीनारायण,र. स. त. हि. सा. प. उ. प्र. , पृ. 100.
53. हिन्दी साहित्य का इतिहास : पं. रामचन्द्र शुक्ल, पृ. 110.
54. आचार्य परशुराम चतुर्वेदी : उ. भा. की सं. ,पृ. 230.
55. रामानन्द की हिन्दी रचनाएँ : सम्पादक स्व. पीताम्बरदत्त बड़थ्वाल, पृ. 7.
56. श्री रामानन्द की हिन्दी रचनाएँ : भूमिका-लेखक श्री कृष्ण लाल, पृ. 2.
57. रा. सं. त. हि. सा. प. उ. प्र. : डॉ. बदरीनारायण श्रीवास्तव, पृ. 136-37.
58. रा. सं. त. हि.. सा. प. उ. प्र. : डॉ. बदरीनारायण, पृ. 137.
59. रामानन्द की हिन्दी रचनाएँ : पृ. 2-3.
60. हिन्दी साहित्य का इतिहास : पं. रामचन्द्र शुक्ल, पृ. 112.
61. हिन्दी साहित्य का इतिहास : पं. रामचन्द्र शुक्ल, पृ. 113.
62. हिन्दी साहित्य का इतिहास : पं. रामचन्द्र शुक्ल, पृ. 113.
63. हिन्दी साहित्य का इतिहास : पं. रामचन्द्र शुक्ल, पृ. 112.
64. रा. सं. त. हि. सा. प. उ. प्र. : डॉ. बदरीनारायण श्रीवास्तव, पृ. 136.
65. हिन्दी साहित्य का इतिहास : पं. रामचन्द्र शुक्ल, पृ. 113.
66. रामानन्द की हिन्दी रचनाएँ : परिशिष्ट -2, पृ. 26-27111हिन्दी साहित्य का इतिहास : पं. रामचन्द्र शुक्ल, पृ, 113.
67. वही पृ. 114.
68. खम्भातवाली हस्त प्रति पन्ना-6.
69. रामानन्द की हिन्दी रचनाएँ : भूमिका- लेखक श्रीकृष्णलाल, पृ. 3.
70. रामानन्द सम्प्रदाय तथा हिन्दी साहित्य पर उसका प्रभाव : डॉ. बदरीनारायण, पृ. 138-39.
71. हिन्दी साहित्य का इतिहास : पं. रामचन्द्र शुक्ल, पृ. 111.

72. धर्मलोक के तारे : श्री अवधकिशोर दास जी, पृ. 14.

73. राघवानन्द एतस्य रामानन्द स्ततोअभवत्। सार्धद्वादशशिष्या : स्यु : श्री रामानन्द सद्गुरोः ।द्वादशादित्यसंकाशास्संसार-तिमिरापहा। श्री मदनन्तानन्दस्तु सुरसुरानन्दस्तथा।। नरहरियानन्दस्तु योगानन्दस्थैवचसुखाभावागालवंच सप्तै ते नामनन्दनाः ।। कबीरश्च रामदासः संना पीपा धनास्तवा। पद्मावती तदर्द्धश्चषडेते च जितेन्द्रियाः।। (भक्तमाल, रूपकला, पृ. 284-85)।

74. उत्तरी भारत की सन्त परम्परा : आचार्य परशुराम चतुर्वेदी, पृ.. 229.

75. देखिये रा. सं. त. हि. सा. प. उ. प्र. : डॉ. बदरीनारायण श्रीवास्तव, पृ. 90.

76. धर्मलोक के तारे : स्वामी अवधकिशोर दास जी, पृ. 44.

77. धर्मलोक के तारे : श्री स्वामी अवधकिशोर दास जी पृ. 47.

78. धर्मलोक के तारे : श्री स्वामी अवधकिशोर दास जी, पृ. 46.

79. रा. स. त. हि. सा. प. उ. प्र. : डॉ. बदरीनारायण श्रीवास्तव, पृ. 87.

अध्याय-3

# स्वामी रामानन्द की आध्यात्मिक और सामाजिक दृष्टि

## आध्यात्मिक दृष्टि

स्वामी रामानन्द रामभक्ति के प्रवर्तक थे, पर उनके आध्यात्मिक चिन्तन में यौगिक साधना अर्थात ज्ञान मार्ग और भक्ति का समन्वय था। उनकी आध्यात्मिक दृष्टि को डॉ. पीताम्बर दत्त बड़थ्वाल[1] ने तीन भागों में बाँटकर निरूपित किया है— (1) तन का योग (2) मन का योग (3) रहनी।

## तन का योग

आध्यात्म-साधना के पथ को रामानन्द ने अगम पन्थ कहा है (ज्ञान तिलक 20)। यह मार्ग तन-मन का मार्ग है, जिस पर चलकर साधक निष्केवल परम पद प्राप्त करता है। इसके दो विभाग किए जा सकते हैं, एक तन से सम्बन्ध रखनेवाला और दूसरा मन से सम्बन्ध रखनेवाला। तन का योग हठयोग है। यह योग धरती और आकाश के बीच का अर्थात मूलाधार से ब्रह्मरन्ध्र तक पहुँचनेवाला मार्ग है। रामानन्द ने थोड़े में उपदेश दिया है—हे कबीर बज्र-कोपीन बाँधों (ज्ञान तिलक 42. 43)। मन शुक्र के वश में है और बिन्दु या जल पवन के वश में (ज्ञान तिलक 19)। पवन ही के संयोग से अगम पुरुष जीव कहलाता है। स्वयं तो आत्मा अनश्वर है (ज्ञान तिलक 35, 36) इसलिए भी पवन को वश में करना चाहिए। आसन प्राणायाम आदि का इसीलिए योग में विधान है।

योग चिन्तामणि में रामानन्द ने सिद्धासन में बैठकर प्राणायाम करने और भ्रूमध्य दृष्टि का अभ्यास करने का आदेश दिया है (योग चिन्तामणि 8-11)। प्रमित दशाओं में साँस का प्रवाह नासा रन्ध्रों से बाहर बारह अंगुल तक आता है, इसलिए उसको हृदय पवन कहा है। रामानन्द ने इसी को दोनों आँखों को वाण बनाकर भौंहों को उलटकर धनुष खींचना कहा है। उन्होंने स्पष्ट रूप से यह भी कहा है कि राम आँखों में रमता है, किन्तु कोई इसका मर्म नहीं जानता (योग चिन्तामणि 19)। प्राणायाम आदि से ऊर्ध्वगामी हुए रेतस को ब्रह्मरन्ध्र में सोख लेता है। ऐसा हो जाने पर बिन्दु की ग्रन्थि में मन बँध जाता है और उसकी चंचलता मिट जाती है (ज्ञान तिलक 40)। भ्रमर गुहा (शून्य मंडल) में निवास मिल जाता है, पंचेन्द्रियाँ वश में हो जाती हैं। रामरक्षा में उन्होंने चांचरी, भूचरी, खेचरी, अगोचरी और उन्मनी इन पाँच मुद्राओं का उल्लेख भर किया है। उन्मनी के सम्बन्ध में कहा है कि उसमें सब इन्द्रियाँ शान्त हो जाती हैं और मन भी उपराम हो जाता है (र. 20)। वह नित्य प्रकाश से भरी अवस्था है (योग चिन्तामणि 16)। उन्मनी दृष्टि से ब्रह्म-भाव का दर्शन होता है (र. 15)। कबीर और सन्तों ने इस उन्मनी अवस्था का बहुत ही अधिक उल्लेख किया है।

जोगी को माया रूप निद्रा नहीं व्यापती। वह सदैव काल से सचेत रहता है। जिसे लोग जागर कहते हैं। उसमें वह सोता रहता है अर्थात माया-भाग की ओर आँखे बन्द किए रहता है, उसे भोगता नहीं है, किन्तु जिसे सुषुप्ति कहते हैं उसमें वह जागता रहता है, चौकन्ना रहता है कि माया कहीं से उसके हृदय में प्रवेश न कर जाए। एक प्रकार से वह सदा सोता और जागता रहता है (ज्ञान तिलक 38) इसलिए जोगी काल से डरता है (ज्ञान तिलक 17)। उसके वज्र के सम्मुख नहीं आता।[2]

## मन का योग

तन की यौगिक साधना का लक्ष्य मन को नियन्त्रण में करना ही होता है। मन के नियन्त्रण के बिना किसी भी प्रकार की योग साधना सम्भव

नहीं है। स्वामी रामानन्द ने इसीलिए बाह्वा आडम्बरों का अनेक प्रकार से विरोध किया है। मन के सहयोग के बिना तन के सब कर्म छूछे और निष्फल होते हैं। इसी से रामानन्द ने कहा है कि लुंचित (जिनके बाल नुचें हों, जैन साधु), मुंचित (जिन्होंने घर बार छोड़ दिया हो), नागा (जो वस्त्र नहीं पहनते), मौनी आदि सब बाहरी साधना में लगे हुए साधु व्यर्थ अपना जीवन खोते हैं (ज्ञान तिलक 33)। इसी प्रकार एकादशी और रोजा रखना, तीर्थाटन (ज्ञान तिलक 40) वेद और कुरान पढ़ना (ज्ञान तिलक 52) सब निष्फल होते हैं। क्योंकि पढ़ने गुनने मात्र में कुछ नहीं धरा है, सार बात है ह्रदय का शुद्ध होना (ज्ञान तिलक 32)।[3] इसलिए प्रयत्न बाहर और भीतर, तन और मन दोनों से होना चाहिए। योग साधना बड़ा घोर युद्ध है। यह सरलता से नहीं जीता जा सकता। सुषुम्ना की घाटी में होनेवाली इस लड़ाई में उत्साहवर्द्धन के लिए नाम की नौबत बजती रहनी चाहिए (योग चिन्तामणि 12)। इसीलिए रामानन्द ने साधक को सुरति नगर की सैर करने का आदेश दिया है। सुरति ही आत्मा का महल है, आत्मा का निवास है। वहीं उसे ढूँढना चाहिए। वहाँ जाने के लिए लम्बा उलटा मार्ग है। परन्तु सुरति कहीं बाहर नहीं है। यहीं विद्यमान रहती है। यही राम का प्रकाश है (योग चिन्तामणि 8,9)। क्योंकि सुरति मन का परमात्मा की ओर उल्टा प्रवाह मात्र है। शरीर में सुरति है, सुरति में आत्मा और आत्मा में परमात्मा का दर्शन (राम रक्षा 18)।

सुरति स्मृति का स्मरण है, स्मरण प्रेम का द्योतक है। जिसके प्रति हमें प्रेम होता है, उसका स्मरण अनायास हो जाता है। जिसे आकर्षण गुण लगता, बहुत समय तक हमारे ध्यान में आते रहते हैं, उसके प्रति भी हमारे ह्रदय में प्रेम उदय हो जाता है। भगवान में सुरति लगाने से उसके अनन्त गुणों का स्मरण करने से ही, प्रेम से ही आत्म तत्त्व तक पहुँचनेवाली उल्टी यात्रा सम्भव हो सकती है। साधक के लिए ब्रह्म और माया की ग्रन्थि जगज्जाल का बन्धन नहीं रहती प्रत्युत प्रेम-पाश बन जाती है (योग चिन्तामणि 14)।

डॉ. बड़थ्वाल ने निष्कर्ष रूप में लिखा है : इस प्रकार तन और मन के संयुक्त योग से साधक को अखंड सम्पूर्णता का अनुभव होता है (योग चिन्तामणि 7)। इस अनुभव का संकेत रामानन्द ने कई प्रकार से दिया है। वह बिना बत्ती बिना तेल की अखंड झिलमिली ज्योति है (योग चिन्तामणि 21)। मोतियों की झालर लगी है और हीरों का प्रकाश हो रहा है (योग चिन्तामणि 23)। हीरे से बिंधी श्वेत स्फटिक मणि ने तीनों लोकों का अधंकार मिटा दिया है (राम रक्षा 17)। ज्ञान गुहा में बड़ा सुख मिलता है। अनहद का सौन्दर्य दिखाई देता है, अगम से मिलता होता है, तत्त्व रूप तरुवर की शीतल छाया में विश्राम मिलता है (ज्ञान तिलक 58)। उस समय शरीर के समस्त अंग और उनके धर्म अपने न रहकर परमात्मा के हो जाते हैं और सारा अस्तित्व तल्लीन हो जाता है (राम रक्षा 12-14)। वहाँ प्रत्यक्षत: विरोधी धर्म विरोध जोड़ देते हैं। सारा अनुभव एकाकार हो जाता है।

शून्यस्थ सहजानुभव में नित्य वसन्त ऋतु का आहलाद रहता है। वहाँ पहुँच कर साधक फिर अन्यत्र नहीं जाना चाहता। वहाँ इच्छा का नाम नहीं। इसलिए इच्छा से उत्पन्न ऊँ त्रिमूर्ति, चौबीस अवतार, पंच तत्त्व आदि विलीन हो जाते हैं। वहाँ माया का मंडल नहीं दिखाई देता और वह अखंड आनन्द में बिल जाता है (पद 7)।

स्वामी जी ने जीवन के रहन-सहन को बड़ा महत्त्व दिया है। उनके अनुसार- साधक की रहनी में दया का बड़ा महत्त्व है। जिस हृदय में दया नहीं वह उजाड़ है। दया ही हृदय को बसाती है (ज्ञान तिलक 8)। ज्ञानी के लिए शीलवान होना आवश्यक है। कृपाण को जैसे म्यान सुरक्षित रखता है, उस पर जंग नहीं लगने देता, उसकी धार को बिगड़ने नहीं देता, उसी प्रकार शील ज्ञान की चमक को बनाये रखता है। और कदाचित किसी कारण जंग लग ही जाए तो सन्तोष उसको फिर से चमका देनेवाला मसाला है (ज्ञान तिलक 9)। सपने में कोई राजा हो जाए तो इससे तो वह वास्तविक राजा हो नहीं जाएगा। वास्तविक राजा त्याग है, वैराग्य है (योग चिन्तामणि 7)। ममता और अहंकार का भाव

त्यागे बिना आत्म समाधि नहीं लगती (पद 3)। धर्मराज से रामानन्द ने कहलाया है— हे नर नारियों ! अपना भला चाहते हो तो भगवान की भक्ति करो - हरि स्मरण करनेवालें को यम-यातना नहीं होती। उसके अभाव में तुम्हें दु:ख भुगतना पड़े तो मुझे दोष न देना। क्योंकि मैं तो पाप-पुण्य की छानबीन करके तुम्हारे ही कर्मों को तुम्हें भुगताता हूँ। अतएव जो कुछ तुम्हें भुगतना पड़े उसके सम्बन्ध में दोष तुम्हारा है, मेरा नहीं।[4]

परमात्मा तक पहुँचाने के इस अध्यात्म मार्ग से पूर्णतया परिचित पथ-प्रदर्शक यानी पहला गुरु आवश्यक है। पहले खोज गुरु की करनी पड़ती है। गुरु के मिल जाने पर उसके बताये मार्ग पर चलने से फिर सद्गुरु ब्रह्म मिलता है (ज्ञान तिलक 31)। गुरु ज्ञान देनेवाला है और सद्गुरु जिसका ज्ञान दिया जाता है वह परमात्मा। एक प्रकार से सद्गुरु का प्रतिनिधि होने के कारण गुरु को भी सद्गुरु कहा है। रामानन्द ने कबीर को उपदेश दिया कि गुरु वह बनिया है जिसका यह सारा जगत पसारा है। वे ज्ञान-दीपक को लेकर (हृदय रूप) कन्दरा में (अपनी शिक्षा के रूप में) बैठे हैं और चतुर्दिक उजाला हो रहा है (ज्ञान तिलक 25)। कबीर की भी समझ में आ गया कि परमात्मा का सच्चा दर्शन तभी हो सकता है जब सद्गुरु मिले। जिसको सद्गुरु मिल गया उसको पूरा संन्यास प्राप्त हो जाता है। सांसारिकता उसमें कदापि नहीं रह जाती (योग चिन्तामणि)। इसी प्रकार सत्संग भी आवश्यक बतलाया गया है। उससे मन का मैल कटता है (पद 1)। मूर्खों का संग छोड़ देना चाहिए जो प्रकट रूप में पशुओं के समान हैं (ज्ञान तिलक 32)।

इस प्रकार नियन्त्रित तन और मन से ही भक्ति हो पाती है। इसका संकेत स्वामी जी ने 'वैष्णवमताब्जभाष्कर' में पं. रामटहलदास कृत संस्करण पृष्ठ 10 पर किया है—'विवेक से जिसकी उत्पत्ति होती है, यमादि जिसके आठ आद्य अंग हैं।'' यहाँ यमादि आठ अंग अष्ठांग योग का घोतक हैं। उसके बाद स्वामी का मुख्य प्रतिपाद्य विषय भक्ति का अख्यान है। जो आगे व्याख्यायित किया जा रहा है।

## रामानन्द-दर्शन का स्त्रोत

परमपुरुष साकेतपति श्रीराम जी से प्रारम्भ होकर प्रथम आचार्य जगदम्बा भक्तवत्सला माता जानकी हैं। जानकी जी से अंजनी नन्दन हनुमान को ब्रह्मविद्या स्वरूप श्रीराम तारक मन्त्र मिला था। तदुपरान्त ब्रह्मा जी को यह अमूल्य निधि—अनन्त प्रयास के बाद प्राप्त हो सकी। ब्रह्मा जी ने वैदिक परम्परा को अक्षुण्ण रखने हेतु वैश्वगनसागम या हिरण्य गर्भ सिद्धान्त के रहस्य का वर्णन वशिष्ठ जी को किया। यह सिद्धान्त रामावत या रामानन्दी वैष्णवों की आचार संहिता है। तदुपरान्त पराशर-व्यास-शुकदेव-बोधायन-सारण-पुरुषोत्तमाचार्य-गंगाधराचार्य-सदाचार्य-रामेश्वराचार्य-द्वारानन्द-देवानन्द-श्रियानन्द-हर्यानन्द-राघवानन्द-रामानन्द क्रमश: गुरु परम्परा के आचार्य हुए। आज रामानन्द दर्शन भारत के लोकभाषा के भक्त कवियों के ग्रन्थों में प्राप्त है। इनमें प्रमुख रामचरितमानस, विनयपत्रिका, गुरुग्रन्थ साहिब, भगवान नारायण की साखी, लॉल जी की वाणी, दास बोध, अग्रजी की कुंडलियाँ, भक्तमाल आदि हैं।

## रामानन्द का दर्शन

डॉ. बदरीनारायण श्रीवास्तव ने रामानन्द के दार्शनिक विचारों की विशेषता इस प्रकार बतायी है—

1. ब्रह्म राम—जिससे विश्वमात्र की उत्पत्ति हुई है, जो इसकी रक्षा करता है और जिसमें इसका लय हो जाता है, जिसके प्रकाश से सूर्य और चन्द्रमा इस जगत को निरन्तर प्रकाशित करते रहते हैं, वायु जिसके भय से प्रवाहमान है, और पृथ्वी नीचे पाताल में नहीं चली जाती, वही ज्ञान स्वरूप (विश्वात्मा की क्रियाओं का) साक्षी, कूटस्थ (विश्वमात्र को आक्रान्त करके अयोधन की भाँति स्थित), अनेक शुभगुणों से युक्त, अविनाशी एवं विश्वभर्ता ईश्वर ही ब्रह्म पद से अभिहित होता है[5] यह ब्रह्म नित्य है, ब्रह्मादि का भी विधायक है, वेदों का उपदेष्टा है, स्वयं सर्वज्ञ है, सद्योगियों की रक्षा करता है, तपस्यादि से भी दुर्लभ्य है, चेतन

को भी चेतनता प्रदान करता है, संसार का पालक है, ध्येय है, स्वतन्त्र है, बन्धन से रहित है तथा सत्संगपरायण, सज्जन-गुरु प्राप्त मुमुक्षुओं का प्राप्य है।[6]

2. इस ब्रह्म पद से भगवान नारायण अथवा श्रीरामचन्द का ही बोध होता है। वे श्रीमान हैं, अर्च्य हैं, शरणागतों की रक्षा करते हैं, विधि-शंकरादि देवता उनके चरण-कमल की उपासना करते हैं, योगिजन उनके ही चरण-कमलों को प्राप्त होते हैं, वे क्लेशादि से अस्पृश्य है, सत्पुरुष उन्हीं के यश का वर्णन करते हैं, वे विद्वानों द्वारा मान्य हैं, समस्त वेद उन्हीं के यश-महात्म्य का वर्णन करते हैं, वे अमर हैं, सर्वशक्तिमान हैं, निष्पाप, अजर, मन-वाणी से अगोचर एवं नित्य हैं।[7]

3. सीतापति भगवान राम समस्त गुणों के एकमात्र आकर, जगत् के हेतु एवं सबके संरक्षक, शेषी तथा उपास्य हैं।[8] वे सबके बन्धु, सबके प्राप्य, सर्वदोष रहित एवं कल्याण-गुणाकर हैं। यही भगवान राम सत्यस्वरूप, आनन्दस्वरूप तथा चित्स्वरूप हैं और निखिल विभूति के स्वामी हैं।

4. स्वयं विष्णु ही राम के रूप में अवतीर्ण हुए हैं।[9] ये राम ही राजा दशरथ के पुत्र थे, जानकी जी उनकी पत्नी थीं, पिता की आज्ञा मान कर उन्होंने चित्रकूट को अपना निवास स्थान बनाया था और कानन में 14 वर्ष बिता दिए थे। इन्होंने भक्तों के भय को दूर किया था, सुग्रीव को राज्य दिया और रावण को मारकर उनको सुखी बना दिया था।[10]

5. राम अद्भुत रूप-लावण्ययुक्त हैं। विकसित कमल के समान उनके नेत्र विशाल हैं, उनका सौन्दर्य ब्रह्मा और शिव के भी मन को हर लेनेवाला है, वे नित्य सस्मित रहते हैं, सीता जी कटाक्षों से उनका अवलोकन करती हैं, उनके कमल सदृश चरण मुनिजनों के मन भ्रमर से विचुम्बित होते हैं, वे लोकोत्तर बलशाली, अद्भुत दिव्य धनुष और वाणों से पूजित तथा आजानुबाहु हैं।

6. राम अद्भुत शक्ति सम्पन्न हैं। उन्होंने शंकर के धनुष को खंडित कर परशुराम को परास्त कर दिया था। शत्रुराक्षसों के लिए तो वे अनल

के ही समान हैं।[11] उनके शस्त्रास्त्र-संघ अत्यन्त बलवाले, शक्तिशाली, दुष्करकार्यों के करने में सक्षम, श्रेय एवं प्रतापयुक्त, मुनिजनों द्वारा वन्दित, भयंकर शत्रुओं के भी कान को बिगलित करनेवाले, राक्षस एवं दैत्यों के विनाशकारी, जलनिधि को भी क्षुब्ध कर देनेवाले, लोकों के विजेता सर्वमान्य, विघ्ननाशक एवं कल्याणकारी हैं।[12]

7. भगवान राम के पार्षदों में लक्ष्मण राम कैकर्य परायण, सीतेशनिवेश पालक, शरच्चन्द्र के सदृश कीर्तिवाले एवं अप्रमेष हैं।[13] इसीलिए वे राम को परम प्रिय हैं। वे अत्यन्त बलयुक्त, बहुत ही बुद्धिमान, लाल-लाल नेत्रोंवाले, श्री राम के चरण कमलों में मन से संलग्न एवं शत्रुओं के लिए मृत्युवत हैं।[14] भगवान राम के शस्त्रास्त्र भी उनके पार्षद माने गए हैं।

8. स्वामी जी ने भगवान के अर्चावतार अथवा प्रतिमावतार का भी विवेचन किया है। उनके अनुसार देश-काल के प्रकर्ष से हीन, आश्रिताभिमत, सहिष्णु, अप्राकृत दिव्यदेहयुक्त, अपने समस्त कृत्यों में अर्चक के अधीन मूर्ति विशेष को अर्चावतार कहते हैं।[15] अर्चावतार के चार भेद हैं। स्वयंव्यक्त, दैव, सैद्ध और मानुष।[16] सुधियों को चाहिए कि आह्वान, आसन, पाद्य, अर्ध्य, आचमन, स्नान, वस्त्र, यज्ञोपवीत, गन्ध, पुष्प, धूप, दीप, नैवेद्य, ताम्बूल, प्रदक्षिणा और विसर्जन आदि षोडशोपचार से अर्चावतार की पूजा करें।[17] भगवद् विग्रह ही जीवों का एकमात्र उपाय है।[18]

## रामानन्द और भक्ति

रामानन्द सम्प्रदाय में भक्ति मोक्ष के प्रमुख साधन के रूप में स्वीकार की गई है। भक्ति के लिए आवश्यक है कि व्यक्ति सर्वप्रथम पंच संस्कारों से संस्कृत होकर महाभागवत बन जाए और पुनः सीता-लक्ष्मण सहित भगवान राम के प्रति राममय हो उठे।[19] पंच संस्कारों के अन्तर्गत मुद्रांकण, उर्ध्वपुँड्र धारण करना, नामकरण, मन्त्रजाप एवं तुलसी की कण्ठी पहनना आदि आते हैं।[20] एक वर्ष तक शिष्य की परीक्षा करके

गुरु को चाहिए कि वह नियमत: अग्नि-पूजा करके ततचक्रादि (शर-चाप भी) से उसकी भुजाओं को अंकित कर दे।[21] इसी प्रकार गुरु शिष्य को ऊर्ध्वपुँड्र धारण की विधि से परिचित करावे, उसका दासान्त नाम रखे, उसे राममन्त्र प्रदान करे तथा गले में तुलसी की कण्ठी की माला धारण करने का आदेश दे।[23] इस प्रकार पंच संस्कारों से संस्कृत होकर भगवान के मंगलप्रद दिव्य जन्म, दिव्यकर्म और नामों का उच्चारण करना चाहिए।[22]

## भक्ति की व्याख्या

भक्ति की इन आवश्यक भूमिकाओं का उल्लेख करके रामानन्द ने भक्ति की विशेषताओं का भी उल्लेख किया है। उनके अनुसार विद्वद्वर्य परम भक्ति-रस-रसिक महर्षियों ने अनन्य भाव से तत्परता के साथ सर्वदा पुन:-पुन: छल,कपट प्रपंच आदि से रहित परमात्मा (श्रीराम जी) की सेवा को ही भक्ति कहा है।[24] अत: यह स्पष्ट हो जाता है कि स्वामी जी ने उसी भक्ति मार्ग का अवलम्बन किया है जिसका प्रतिपादन महाभारत, नारद भक्ति सूत्र, भागवत आदि ग्रन्थों में उनके पूर्व किया जा चुका था। नारद पाँच-रात्र, में सर्वोपाधिविनिर्मुक्त भगवान हृषीकेश की सेवा को ही भक्ति कहा गया है।[25] इसलिए शांडिल्य सूत्र में भी भक्ति को ईश्वर में 'परानुरक्ति' कहा गया है।[26]

आगे चलकर स्वामी जी ने भक्ति की और भी स्पष्ट व्याख्या की है। वे कहते हैं, विवेक आदि से जिसकी उत्पत्ति होती है, यमादि जिसके आठ अंग हैं, तेलधारा के समान निरन्तर स्मृति-सन्तान-रूपा भगवान में जो अनुराग है, वही पराभक्ति है।[27] नारद भक्ति सूत्र में इसी मत का पोषण किया गया है। भक्ति को प्रेमस्वरूपा कहने के साथ ही लेखक ने उसे अमृतस्वरूपा भी कहा है, जिसे पाकर मनुष्य सिद्ध हो जाता है, अमर हो जाता है, जिसकी प्राप्ति से व्यक्ति के मन में और कोई कामना शेष नहीं रहती, न उसे किसी प्रकार का शोक ही रहता है, वह न किसी से द्वेष करता है और न किसी से अनुराग। वह तो भक्ति को पाकर

उन्मत्त हो जाता है, स्तब्ध हो जाता है, आत्माराम हो जाता है। वह भक्ति कामनायुक्त नहीं है, क्योंकि वह निरोधस्वरूपा है।[28]

इस प्रकार रामानन्द जी ने भक्ति की जो व्याख्या की है, उससे उसकी निम्नलिखित विशेषताएँ प्राप्त होती हैं—

क- भक्ति परमात्मा के प्रति अनुराग को कहते हैं।

ख- इस अनुराग में अनन्यता आवश्यक है।

ग- भगवान की सेवा करना ही वस्तुत: उनकी भक्ति करना है।

घ- तैलधारा के समान ही भगवान का प्रतिक्षण स्मरण करना भक्ति की सबसे बड़ी विशेषता है।

विवेक से यह भक्ति उत्पन्न होती है और यमादि इसके आठ अंग हैं। वस्तुत: प्रपन्न जन यदि उत्तम रीति से कर्मयोग, ज्ञानयोग और भक्तियोग में किसी एक का भी अनुष्ठान करें तो उन्हें मोक्ष मिल सकता है।[29] इस प्रकार अन्य मार्गों से भक्ति का कोई विरोध स्वामी जी को मान्य नहीं है। कर्म मार्ग, ज्ञान मार्ग और भक्ति मार्ग वस्तुत: एक ही सत्य को पाने के तीन भिन्न-भिन्न पथ मात्र हैं। इसी प्रकार स्वामी जी ने सभी मार्गों का समन्वय किया है।

## भक्ति के प्रकार

भक्ति के सामान्यत: दो भेद किए गए हैं : गौणी और परा। गौणी के भी वैधी और रागानुगा दो भेद किए गए हैं। कभी-कभी वैधी भक्ति मर्यादा भक्ति के नाम से अभिहित की जाती है। विद्वानों ने गौणी को साधन भक्ति और परा को साध्य भक्ति भी कहा है। श्रीमद्भागवत में भक्ति के 9 प्रमुख अंग बतलाये गए हैं। श्रवण, कीर्त्तन, स्मरण, पादसेवन, अर्चन, वन्दन, दास्य, सख्य तथा आत्म निवेदन।[30]

रामानन्द स्वामी ने भागवत द्वारा निर्धारित भक्ति-पथ का ही अवलम्बन किया है। उन्होंने स्पष्ट ही कहा है, उदारकीर्तिभगवान के श्रवण, कीर्त्तन, संस्मरण, पदश्रिति, समर्चन, वन्दन, दास्य, सख्य और आत्मार्पण को ही नवधाभक्ति कहा गया है।[31] आगे चल कर उनके द्वारा प्रवर्तित सम्प्रदाय

में दशवीं प्रेमा भक्ति पर भी बल दिया जाने लगा और नाभा जी के समय में तो भक्तगण 'भक्ति दशधा के आगर' भी होने लगे थे। कहा गया है कि नाभा जी के समय से ही रामानन्द-सम्प्रदाय में शृंगार का भी प्रवेश हो गया था। फलस्वरूप आज इस सम्प्रदाय के अन्तर्गत माधुर्य-भक्ति के उपासकों का एक स्वतन्त्र रसिक सम्प्रदाय ही बन गया है।

रामानन्द जी ने नवधा भक्ति के एक-एक अंग का आगे चल कर विवेचन भी प्रस्तुत किया है। अत: यहाँ हम रामानन्द-सम्प्रदाय की भक्ति के अन्य आवश्यक अंगों का विवेचन करने के उपरान्त ही नवधा भक्ति का भी विवेचन प्रस्तुत करेंगे।

रामानन्द स्वामी जी के मत के दो प्रमुख एवं आवश्यक अंग हैं, प्रपत्ति और न्यास। भगवान की निर्हेतुक कृपा को प्रपत्ति और स्वप्रवृत्ति की निवृत्ति को न्यास कहा गया है।

## भक्ति के दो प्रमुख अंग—प्रपत्ति और न्यास

**प्रपत्ति—** रामानन्द स्वामी के मत से मुमुक्षुवों का भगवान की शरण में चले जाना ही श्रेयस्कर है, क्योंकि वे परम दयालु एवं उदार हैं तथा उन्हें किसी भी प्रकार के क्रियाकलाप की आवश्यकता नहीं है।[32] जीव असहाय है, अत: बिना भगवान की कृपा के वह संसार-सागर से पार नहीं हो सकता, अनन्त कर्म-प्रवाह के द्वारा इस संसार महासागर में चिरकाल से डूबते हुए अस्वतन्त्र चेतन जीव के ऊपर प्रभु की निर्हेतुक कृपा अवश्य उत्पन्न होती है।[33]

**प्रपत्ति क्या है ?—** श्रेष्ठ विद्वानों ने कृपासिन्धु, परमकीर्ति सम्पन्न, अचिन्त्य वैभववाले भगवान श्रीराम (विष्णु) की अन्य के कष्ट के प्रति असहनशीलता को ही दया कहा है।[34] भगवान का जीवों पर पुत्रवत् स्नेह है। वस्तुत: भगवान का अपने स्वजनों पर वात्सल्य है।[35] इसीलिए मुक्ति की कामनावाले तथा अपने पापों से निवृत्त हो जाने की इच्छावाले पुरुषों को चाहिए कि वे अपने सभी शुभ कर्मों को भगवदर्पण कर दें तथा नैवेद्य आदि को भगवान को अर्पित करके ही भोजन करें। इससे

वे संसार-भय से मुक्त हो जाएँगे।[36] भगवान की इस अहेतुकी कृपा को प्रपत्ति कहते हैं। भगवन की इस निर्हेतुक कृपा के सभी अधिकारी हैं— ऊँच-नीच, धनी-निर्धन, आदि। वहाँ कुल-बल, काल और दिखावट की आवश्यकता नहीं।[37]

**न्यास—** न्यास प्रपत्ति का दूसरा प्रमुख अंग है, क्योंकि बिना न्यास के आराध्य की कृपा प्राप्त नहीं की जा सकती। रामानन्द जी ने कहा भी है, 'सदाचारपरायण, हरिचरणकमलानुरागी, नित्यशुरमहात्माजन' न्यास की परमात्मा श्री राम जी की कृपा का कारण कहते हैं।[38] यहाँ प्रश्न उठ सकता है कि न्यास है क्या वस्तु? स्वामी रामानन्द जी ने इस प्रश्न का बड़ा ही सुन्दर उत्तर दिया है वे कहते हैं, तत्त्व विचार में निपुण, भ्ागवन्निष्ठ, परमआस्तिक, परमनिपुण, ऐकान्ती विद्वानों ने स्वप्रवृत्ति की निवृत्ति को न्यास इष्ट कहा है।[39] यह न्यास, कुल, बल, काल और वाह्य पवित्रता की अपेक्षा नहीं रखता, बल्कि प्रपत्ति के लिए कर्मों के सम्पूर्ण स्वरूप के त्याग को ही अभीष्ट कहा गया है। इसी को धर्म-त्याग भी कहते हैं।[40]

इस न्यास से ही भगवान की कृपा प्राप्त होती है। इसी से मनुष्य को मोक्ष प्राप्ति सम्भव हो जाती है।[41] महर्षियों ने कैवल्य को विरजा के पार ही माना है, इसलिए भक्त सदैव ही भगवन्नामस्मरण करता रहे और वैदिक प्रणाली पर अपने जीवन को चलाता रहे।[42] इस प्रकार इष्टप्राप्ति के लिए न्यास की बड़ी ही आवश्यकता है। प्रपत्ति-मार्ग में इसीलिए न्यास पर इतना अधिक बल दिया गया है। न्यास के लिए अधिक आवश्यक वस्तु है ध्यान। स्वामी जी ने उसका भी निरुपण किया है।

## भक्ति के अन्य आवश्यक अंग

**निराभिमानिता—** भक्ति का एक आवश्यक अंग है निरभिमानिता भगवतकैकर्य का वर्णन करते हुए स्वामी जी ने भक्त को निराभिमानी होने का आदेश दिया है, यह हम पहले ही देख चुके हैं। इस निराभिमानिता को उन्होंने और भी स्पष्ट शब्दों में व्यक्त कर दिया है। वे कहते हैं, यदि

शिष्य असमर्थ हो तो उसे चाहिए कि वह एक छोटी-सी कुटिया बना कर निरहंकार होकर गुरुपदिष्ट मन्त्र का जाप करे।[43] यही नहीं, वह निरालस्य मुमुक्षु वैष्णव भक्ति युक्त निराभिमान होकर अपने गुरु की आज्ञा का पालनरूप इस चरम उपाय का निरन्तर सेवन करता रहे।[44] इस प्रकार स्वामी जी ने अनहंकार को भक्ति का चरम उपाय कहा है।

## विश्व भर में भगवान का रूप दर्शन

भगवान के सेवक की एक बहुत बड़ी साधना यह है कि वह भगवान के चराचरात्मक रूप का दर्शन करे। भक्त की साधना कम-से-कम कुछ इसी प्रकार की होनी चाहिए कि वह भगवान के इस विश्वव्यापी रूप का दर्शन करता हुआ रह सके। स्वामी जी ने कहा है भक्त को धनुर्धारी भगवान की कथा का श्रवण करना चाहिए, उनके यश का पुनः-पुनः गायन करना चाहिए। उनके चराचरात्मक रूप का दर्शन करना चाहिए और सदैव ही सज्जनों के साथ निवास करना चाहिए।[45]

**गुरु का महत्व—** गुरु के द्वारा ही भगवान राम की प्रपत्ति मिलती है, इसलिए रामानन्द जी ने मुमुक्षु वैष्णवों को आदेश दिया है कि वे भगवान को जानने के लिए समस्त संशयों को छेदन करनेवाले, सर्वदा सदाचार निरत, श्रेष्ठ गुरु का आश्रय करें।[46] उन्हें गुरु मन्त्र का सदैव जप करना चाहिए, और आलस्यहीन होकर, भक्ति आदि से युक्त तथा निरहंकार महात्मा की आज्ञा का पालन रूप चरम उपाय का निरन्तर सेवन करते रहना चाहिए।[47] रामानन्द जी ने तो यहाँ तक कह दिया है कि राम मन्त्र का तात्पर्यार्थ ही गुरु की रुचि के अनुकूल व्यवहार करना, उनकी आज्ञा का अनुसरण करना आदि है।[48]

**सत्संग—** रामानन्द जी के मत से भगवान के पंचायुधों से युक्त ब्राह्मण, क्षत्रिय, वैश्य, शूद्र, स्त्री आदि भगवान स्वरूप ही हैं और जगत को पवित्र करनेवाले हैं।[49] अतः मुमुक्षु वैष्णवों को चाहिए कि वे पंचायुधों से चिह्नित पवित्र वैष्णवों को देखकर प्रसन्न होकर उनमें भक्ति परायण होकर उनकी पूजा करें।[50]

समस्त तीर्थमय देह धारण करनेवाले ये महाभागवत जिस देश में निवास करते हैं, वह देश उनके दर्शन करने से तथा उनके वहाँ रहने से पवित्र और सभी पापों से शून्य हो जाता है।[51] अत: उन महाभागवतों के पूजन से, उनके चरणामृत का पान करने से, उनका संग करने से, उन्हें भोजन करा कर भोजन करने से करोड़ों जन्म के पाप नष्ट हो जाते हैं।[52]

इसीलिए भगवान के चराचरात्मक रूप का दर्शन करता हुआ वैष्णव भी सत्पुरुषों का संग करे।[53] दिव्य देशों में भगवत्कैकर्षानुरागी बनकर ही सत्संग करना श्रेयस्कर है।[54]

'श्री रामार्चन पद्धति' में भी सत्संग को अनस्पृह बना देने का साधन कहा गया है।[55]

## काम-क्रोधादि भक्ति विरोधियों का परित्याग

भक्त को भक्ति के विरोधी आचरण अथवा मनोभावों का परित्याग करना आवश्यक है। संसार के सभी बन्धन भक्ति के विरोधी ही तो हैं, उनमें रागादि उत्पन्न होकर मनुष्य की साधना में व्यवधान उत्पन्न करते हैं। अत: स्वामी रामानन्द जी ने बार-बार कहा है कि मनुष्य को रागादि के कारणभूत माथा, पुत्र कलत्रादि में अविचार से ही बन्धत्व ज्ञान उत्पन्न हो जाता है, राम-मन्त्र का जाप करने से इसकी निवृत्ति हो जाती है।[56]

## अहिंसा

प्राय: सभी वैष्णव आचार्यों ने अहिंसा पर पर्याप्त बल दिया है। इसे भक्ति के एक आवश्यक अंग के रूप में स्वीकार किया गया है।

स्वामी रामानन्द ने स्पष्ट ही लिखा है—अहिंसा के समान दान, तप, तीर्थ निवास और जप आदि कोई भी शुभ कर्म नहीं है। अत: सुन्दर जन्म में निष्ठा रखनेवाले जन दृढ़ धर्म की वृद्धि के लिए उस हिंसा को छोड़ दें।[57] जिस प्रकार वक्र चलनेवाली भी नदियाँ समुद्र को प्राप्त होती हैं उसी प्रकार हिंसा से पृथक रहनेवाले व्यक्ति को सर्व धर्म आश्रयण करते हैं। जिस प्रकार अग्नि काठ को जला देता है, उसी प्रकार हिंसक मनुष्य

चर-अचर में व्याप्त प्रभु का घातक है।[58] उदार तथा दयालु वैष्णवों को चाहिए कि वे अधोगति के कारणभूत जल और थल में उत्पन्न होनेवाले शरीरियों की हिंसा से महाप्रयास के द्वारा प्राप्तव्य मांस को संसार की भीति की निवृत्ति के लिए छोड़ दें।[59] वस्तुत: मुक्तिकामी और पापों की निवृत्ति चाहनेवाले व्यक्ति को सम्पूर्ण शुभ कर्मों को भगवान को अर्पित कर देना चाहिए और भोजनादि भी उन्हें ही निवेदित करके स्वीकार करना चाहिए। इससे वह संसार-भय से मुक्त हो जाएगा।[60]

इस प्रकार रामानन्द जी ने अहिंसा को सभी शुभ आचरणों से श्रेष्ठ एवं महत्त्वपूर्ण माना है। भक्त के लिए तो यह आवश्यक है ही।

## सामाजिक दृष्टि

स्वामी रामानन्द सामाजिक समता को प्रोत्साहन देनेवाले पहले वैष्णव आचार्य थे, उनके शिष्यों में पीपा जी क्षत्रिय जाति के थे। उनके अतिरिक्त प्राय: निम्न वर्ग के कहे जानेवाले कई शिष्य थे जैसे कबीर जुलाहा थे। रैदास चमार थे। इस प्रकार अपने धार्मिक सम्प्रदाय में वे छूआछूत और ऊँच-नीच की भावना को वे बिलकुल नहीं मानते थे। मैकालिफ ने अपने ग्रन्थ 'दि सिक्ख रेलीजन' में भविष्य पुराण के हवाले से लिखा है कि रामानन्द उन हिन्दुओं को जो मुसलमान हो गए थे उन्हें पुन: हिन्दू बनाने के पक्षधर थे और ऐसा उन्होंने अपने समय में किया भी। साधारणतया हिन्दुओं के धर्माचार्य एक बार धर्मान्तरण कर लेनेवाले लोगों को पुन: अपने धर्म में लेने का द्वार बन्द कर देते थे। इस दृष्टि से स्वामी रामानन्द का यह कार्य बड़ा साहसिक है।

डॉ. बदरीनारायण श्रीवास्तव ने लिखा है कि, "मैकालिफ, ग्रियर्सन तथा हिन्दी साहित्य के इतिहासकारों ने रामानन्द को बहुत बड़ा समाज सुधारक मान लिया है। इसमें सन्देह नहीं कि रामानन्द के शिष्यों में जुलाहे और चमार को भी स्थान मिल गया था और स्वयं उन्होंने अपने ग्रन्थों में भी यह मत प्रतिपादित किया है कि भक्ति के क्षेत्र में सब किसी को अधिकार है किन्तु स्वामी जी ने जाति प्रथा को मिटाने के लिए कोई

प्रयास किया हो, इसका कोई प्रमाण नहीं मिलता।''[61] रामानन्द-सम्प्रदाय के भगवदाचार्य जी का मत है—रामानन्द के शिष्यों में अनेक ने अपने पन्थ चलाये, स्वयं रामानन्द सम्प्रदाय में सभी मन्त्रोपदेष्टाचार्य ब्राह्मण ही रहे हों, इसका कोई प्रमाण नहीं मिलता। रूपकला जी कायस्थ थे किन्तु अयोध्या में तथा उसके बाहर उनके शिष्यों की संख्या कम नहीं है। जो हो, इतना तो निर्विवाद है कि भक्ति के क्षेत्र में रामानन्द स्वामी किसी प्रकार का भेद-भाव नहीं मानते थे। स्वयं राघवानन्द स्वामी जी ने भी तो नाभादास के शब्दों में—'चारी बरन आश्रम सबही को भक्ति दृढ़ाई' थी, फिर उन्हीं के शिष्य रामानन्द के हाथों तो यह काम दृढ़ता से होना चाहिए था।

डॉ. पीताम्बर दत्त बड़थ्वाल ने उनकी सामाजिक समता के बारे में लिखा है, उदारता का रामानन्द के नाम के साथ अटूट नाता जुड़ गया है : जाति पाँति पूछै नहिं कोई। हरि को भजै सो हरि का होई। उनका नाम लेते ही यह अर्धाली स्मृति में चमक उठती है। जिन शूद्रों के लिए आध्यात्मिक उन्नति का मार्ग तथा समाज में सिर उठाकर रहने का अधिकार सदा के लिए बन्द कर दिया गया था उनके लिए उन्होंने भगवान की दया का द्वार खोल दिया। अज्ञान के अन्धकार में से ज्ञान के प्रकाश में जाने का मार्ग खोल दिया, अपने को भी मनुष्य समझने का अधिकार प्रदान कर दिया। उन्होंने भगवान के समक्ष किसी को ऊँच-नीच नहीं ठहराया। भक्ति के लिए उन्होंने ऊँच-नीच सबको एक बराबर समझा। उनके नाम से चलनेवाले सम्प्रदाय और बातें चाहे जितनी बाहर से जुड़ गई हों किन्तु धर्म के क्षेत्र में सबकी समानता अब तक बनी हुई है। वैष्णव मताब्ज भास्कर जो मर्यादाबद्ध साम्प्रदायिक ग्रन्थ है, उसमें भी इस बात का स्पष्ट आदेश है कि ऊँच-नीच सब प्रपत्ति के अधिकारी हैं। उच्च वर्ग वैष्णवों के लिए एक मन्त्र और नीच वर्णवालों के लिए दूसरी पद्धति उन्होंने नहीं मानी है। भगवान के समक्ष ऊँच-नीच का भेद नहीं। यहाँ तक कि भास्कर में यह भी स्पष्ट आदेश है कि उच्च वर्ण के वैष्णव भी नीच वर्ण के साधु सन्तों की सेवा अभ्यर्थना करें।

हिन्दू मुसलमान सम्बन्धी दृष्टि भी उनकी साफ थी। इस पर डॉ बड़थ्वाल का मत है-उन्होंने यह वातावरण उपस्थित कर दिया जिसमें हिन्दू धर्म एक निष्क्रिय संस्था मात्र नहीं रह गया प्रत्युत वस्तुत: विश्वबन्धुत्व की ओर सक्रिय रूप से अग्रसर होनेवाली सजीव पुष्ट संस्था हो गया। उनका वैरागी समाज इस बात का पुष्ट प्रमाण है जिसमें केवल नीच जाति के ही शिष्य नहीं हैं प्रत्युत एक जाति मुसलमान भी प्रमुख शिष्य हो गया जिसने हिन्दुओं के दार्शनिक सिद्धान्तों का अत्यन्त प्रचार किया। दविस्तान मजाहिब में लिखा है कि उसके समय के पूर्व या उसके समय में मुसलमान हिन्दू बना लिये गए थे। उनमें से दो मिर्जा मलीद और मिर्जा हैदर मुस्लिम अमीर थे जिनका नाम फनी ने इस प्रकार लिया है मानों वे स्वयं उनको जानते थे। यह सब उसी वातावरण का प्रभाव था जिसको रामानन्द का क्रिया-कलाप अस्तित्व में लाया था। उनके पूर्ववर्ती योगियों में भी यह भावना थी, उन्होंने भी मुसलमानों को धर्म-प्रमाद में तलवार का प्रयोग करने के लिए फटकारा था। परन्तु वे विशेषकर एक निष्पक्षता का ऐलान करते ही रह गए। स्वामी रामानन्द उन लोगों में से थे (जो) अपने प्रयत्नों को अन्याय के निष्क्रिय विरोध तक सीमित नहीं रखते प्रत्युत उनके निराकरण में उन्हें सक्रिय रूप देते हैं, खान-पान के सम्बन्ध में भी उन्होंने नियमों को सम्भवत: बहुत शिथिल कर दिया था। उनके शिष्य सुरसुरानन्द के सम्बन्ध में नाभा जी ने कहा उनके मुख मलेच्छ की रोटी तुलसीदल हो जाती थी।[62]

रामानन्द के नाम से प्रचलित एक दोहा प्रसिद्ध है—जाति पाँति पूछै नहिं कोई। हरि को भजै सो हरि का होई। यह रामानन्द जी का ही है इसका कोई प्रमाण नहीं है। इतना तो निश्चित है रामानन्द का कबीर को शिष्य बनाना या अन्त्यजों को भी मन्त्र देना, धर्म बदलकर यवन बने हिन्दुओं को पुन: अपने साथ स्वीकार करना, जाति-पाँति विरोधी होने की किंवदन्तियाँ इतना सिद्ध करती हैं कि रामानन्द जी वर्णाश्रम को मानते हुए भी उसके जड़-आग्रही नहीं थे। वे सामाजिक सुधार के ऐसे पक्षधर

थे जिसने आगे चलकर कबीर और तुलसी जैसे उदार वैष्णव कवियों को जमीन दी।

## भाषा भी समाजानुकूल

रामानन्द स्वामी के नाम से वैष्णव मताब्ज भाष्कर आदि कुछ संस्कृत ग्रन्थों के साथ ही कई हिन्दी ग्रन्थों का भी उल्लेख मिलता है। उनकी हिन्दी रचनाओं की कुछ प्रतियाँ भी मिली हैं और कुछ स्फुट पद भी खोज में प्राप्त हुए हैं। यद्यपि पंडित रामचन्द्र शुक्ल ने उनके हिन्दी ग्रन्थों को रामानन्द कृत नहीं माना है, पर ऐसा करने के पीछे जो उनके तर्क हैं वे बड़े लचर हैं। उनका कहना है कि रामानन्द जैसा व्यक्तित्व का कवि ऐसी टूटी-फूटी भाषा में नहीं लिख सकता और योग तथा तन्त्र-मन्त्र सम्बन्धी उनकी रचनाओं को उन्होंने किसी और रामानन्द की रचना होने का अनुमान किया है। डॉ. रामकुमार वर्मा और डॉ. बदरीनारायण श्रीवास्तव ने इस सम्बन्ध में शुक्ल की विचारधारा का अनुगमन किया है।

वास्तव में ये रचनाएँ भी रामानन्द की हैं और रामानन्द दो नहीं थे बल्कि स्वामी रामानन्द अपने व्यक्तित्व में दो विरोधी विचारों के समन्वय थे। उनमें योग और तन्त्र-मन्त्र के साथ सगुण भक्ति का समन्वय था। संस्कृत के साथ भाषा में भी अपने विचार को प्रचारित करने की लोक दृष्टि थी और इसी का परिणाम था कि उनकी शिष्य परम्परा में एक तरफ कबीर जैसा निर्गुण सन्त और दूसरी ओर तुलसी जैसा सगुण भक्त दोनों थे।

उत्तरी भारत में रामानन्द सम्प्रदाय का सर्वाधिक प्रचार-प्रसार हुआ। उसके अन्य कारणों के साथ एक अन्य कारण उसकी भाषा दृष्टि थी। वे लोक भाषा में अपनी बातों का प्रचार करने के पक्षधर थे। इस बात को डॉ. रामकुमार वर्मा ने भी स्वीकार किया है। वे लिखते हैं, "रामानन्द ने संस्कृत के स्थान पर जन समाज की बोली ही में वैष्णव धर्म का प्रचार किया।"[63] डॉ. हजारीप्रसाद द्विवेदी ने इस सम्बन्ध में लिखा, "अब तक धार्मिक आन्दोलन केवल संस्कृत भाषा का आश्रय लेकर होता था।

यहाँ तक कि वल्लभाचार्य और रामानन्द ने जो भी कुछ लिखा संस्कृत में ही लिखा था। इसके अनन्तर प्रवृत्ति बदली और देश भाषाओं का अधिकाधिक प्रयोग होने लगा। अंग्रेज विद्वान एफ. इ. के. ने लिखा है कि रामानन्द के हिन्दी भाषा के उदार दृष्टिकोण ने हिन्दी का बड़ा उपकार किया है। गाँवों की बोली' उनके शिष्यों के ओजस्वी कण्ठों का बल पाकर बलवती हो उठी। तुलसी जैसे समर्थ रामभक्त हिन्दी-भाषा कवि को जन्म देने का श्रेय रामानन्द के पन्थ को ही है। रामानन्द द्वारा प्रचारित आन्दोलन का महत्व इस दृष्टि से अधिक है।[64]

रामानन्द की हिन्दी टूटी-फूटी हिन्दी थी क्योंकि मूलत: उनकी गति संस्कृत भाषा में थी पर उन्होंने अपनी बातों को आम आदमी तक पहुँचाने के लिए लोक भाषा का आश्रय लिया। उनके पद गुरु ग्रन्थ साहब में भी मिलते हैं। गुरु ग्रन्थ साहब एक प्राचीन संकलन है और उसमें छेड़छाड़ भी नहीं हुई है। उसमें रामानन्द जी के दो पद निर्गुण उपासना सम्बन्धी मिलते हैं। उनकी भाषा का उदाहरण इस प्रकार है—

*कहाँ जाइए तो घरि लागों रंग। मेरो चित्त चंचल मन भयो अपंग।*
*वेद स्मृति सब मेल्टे जोइ। उहाँ जाइए हरि इहाँ न बोई।।*
*एक बान मन भयो उमंग। घसि चोवा चन्दन चारि अंग।।*

शुक्ल जी इसे निर्गुण उपासना का पद होने के नाते रामानन्द का नहीं मानते किन्तु उनके मत से सहमत होना सम्भव नहीं है। रामानन्द में यदि सगुण के साथ निर्गुण की उपासना की स्वीकृति न होती तो कबीर जैसा निर्गुण उपासक उसका शिष्य न होता और तुलसी यह नहीं लिखते—

*अगुनहिं सुगनहिं नहिं कछु भेदा। उभय हरहिं भव सम्भव खेदा।।*

हनुमान जी की आरती के जो पाँच पद रामानन्द के नाम से मिलते हैं। उन्हें सभी विद्वान रामानन्द कृत मानते हैं। यही आरती तुलसीदास के नाम से मामूली अन्तर के साथ हनुमान चालीसा के पाठों के साथ भी मिलती है। इसकी भाषा इस प्रकार है—

*आरती कीजै हनुमान लला की। दुष्ट दलन रघुनाथ कला की।*
*जैके बल गरजै महि काँपे। रोग,शोग जाकै सींमा न चापें।*

इस भाषा का रूप तत्कालीन कवियों की भाषा से मिलता-जुलता है और रामानन्द के उस भाषा सम्बन्धी दृष्टिकोण को परिलक्षित करता है जिसमें वे सारे लोक से संवाद कर सकें और धर्म की बारीक-से-बारीक बात को भी साधारण जनता अपनी ही भाषा में समझ सके।

समाज के निचले दरिद्र, उपेक्षित और दलित वर्ग को भी प्रभु के समक्ष समानता का दर्जा देने की सामाजिक दृष्टि रखनेवाले रामानन्द ने अपने इसी सामाजिक दृष्टिकोण के अनुसार भाषा को भी आम आदमी के धरातल पर लाने का मन्त्र दिया। इसी का परिणाम है कि आगे चलकर कबीर, रैदास, सूर, तुलसी से लेकर भीखा साहब तक भक्तों और सन्तों ने जनबोली में अपनी सारी कविताओं का सृजन किया।

## सन्दर्भ


1. रामानन्द की हिन्दी रचनाएँ, पृ. 4-10.
2. रामानन्द की हिन्दी रचनाएँ, प्रधान सम्पादक—हजारीप्रसाद द्विवेदी।
3. रामानन्द की हिन्दी रचनाएँ, प्रधान सम्पादक हजारीप्रसाद द्विवेदी
4. रामानन्द की हिन्दी रचनाएँ : बड़थ्वाल, पृ. 9.
5. श्री वै. म. भा. , सं. पं. रामटहल दास, पृ. 2.
   वही, सं. भगवदाचार्य, पं. 201.
   श्री वै. म. भा, रा. ट. दास, पृ. 2.
   श्री वै. म. भा, रा. ट. दास, पृ. 4.
   वही, पं. 13 । श्लोक 78.
6. श्री रामार्चनपद्धति, सं. रामनारायण दास, पृ. 2.
7. श्री रामर्चनपद्धति, सं. रामनारायण दास, पृ. 2.
   श्री वै. म. भा, रा. ट. दास, पृ. 4.
8. श्री रामार्चनपद्धति, रा. ट. दास, पृ. 24.
9. श्री रा. प., पा. रा. ना. दास, पृ. 24.
10. श्री वै. म. भा. , भगवदाचार्य, पृ. 168.
11. वही, पृ. 168.
12. वही, पृ. 168.
13. श्री वै. म. भा, रामटहल दास, पृ. 6.
14. एवं महाभागवत: सुसंस्कृतो श्री रामभक्तिविदविदधात्वहनिशम्।

महेन्द्रनीलास्मरुचै: कृपानिधे: श्री जानकीलक्ष्मणसंयुतस्य।।
-श्री वै. म. भा. , रामटहल दास, पृ. 10.

15. तप्तैन मूले भुजयो:समंकनं शरेणचापेन तथेर्ध्वपुण्ड्रकम्।
श्रुतिश्रुतं नाम च मंत्रमाले संस्कार भेदा: परमार्थहेतव:।।
-वही भगवदाचार्य, पृ. 117.

16. परीक्ष्यशिष्यंसमुपासंकं गुरुर्वषै समभ्यर्च्य च देवमग्निम्।
चक्रादिभि: हेतिवरै: सुतप्तैर्दिंने सुपुण्ये नियत: समंकयेत।।
-वही, रामटहल दास, पृ. ,9.

17. तथोर्ध्वपुंड्रं सुमृदाविधाय रामादिदास्यान्तमथे समुच्चरेत्।
मन्त्रं तथैवोपदिशेद्विधानत: मालांवरंताम् तुलसी समुहभवाम्।।
-वही, पृ. 10.

18. धृतोर्ण्वपुण्ड्रस्तुलसीसमुद्भवां दधच्चमालाममलो हि कंठत:।
सज्जन्मकर्माणि हरेरुदाहरेद गुणांश्च नामानि शुभप्रदानि।
-वही भगवदाचार्य, पृ. 102.

19. उपाधिनिर्मुक्तमनेकभेदा भक्ति: समुक्ता परमात्मसेवनम्। अनन्यभावेन महुर्मुहु:
सदा महर्षिभिस्तै: खलु तत्परत्वत:।।63।।
-श्री वै. म. भा. , सं. पं. रामटहल दास, पृ. 10

20. सर्वोपाधिविनिर्मुक्त तत्परत्वेन निर्मलम्। हृषीकेश हृषीकेशसेवनम् भक्तिरुच्यते।।
-नारदापांचरात्र

21. शांडिल्य सूत्र—'सा परानुरक्तिरीश्वरे।'

22. सा तैलधारासम संस्मृति-संतानरूपेशिपरानुरक्ति: । भक्तिर्विवेकादिक, सप्तजन्या,
तथायमाण्यष्ट सुबोधकांगा।।
-श्री वै. म.. भा. , सं. पं. रामटहल दास, पृ. 10.

23. अथातोभक्ंति व्याख्यास्याम: ।।1।।सात्वस्मिन् परमप्रेमस्वरूपा ।।2।।अमृतस्वरूपा च ।।3।। यल्लबध्वापुमान् सिद्धो भवति, अमृतो भवति, तृप्तो भवति ।।4।। यत्प्राप्य न किंचिद्वांछति, न शोचति, न द्वेष्टि, न रमते, नोत्साही भवति ।।5।। यज्ज्ञात्वामतो भवति स्तब्धोभवति आत्मारामो भवति। सा न कामयमाना निरोध रूपत्वात्।।
-नारदभक्तिसूत्र।

24. भवन्त्युपायान्तरएव सर्वे स्वातत्र्यतो मुक्तिपदप्रदास्ते। सुकर्म
संवेदनभक्तियोगा:प्रपत्ति निष्ठै: समनुष्ठितासु।।
-श्री वै. म. भा. भगवदाचार्य, पृ. 155.

25. श्रवणं कीर्त्तनं विष्णो: स्मरणं पादसेवनम्।
अर्चनंवंदनंदास्यं सख्यमात्मनिवेदनम्।।
-भागवत्, सप्तम स्कन्ध, अध्याय 5, श्लोक 23.
26. उदारकीर्त्ते: श्रवणं च कीर्त्तनं हरेर्मुदासंस्मरणं पदश्रिति:।
समर्चन वन्दनदास्यसख्यमात्मार्पणां सा नवधेतिगीयते।।
-श्री वै. म. भा. , रा. ट. दास, पृ. 10.
27. प्राप्तुं परांसिद्धिमकिचनोजनो द्विजातिरिच्छञ्छरणं हरि व्रजेत। परं
दयालुंस्वगुणानर्पेक्षित क्रियाकलापादिकजातिबन्धनम्।
-श्री वै. म. भा. , भगवदाचार्य, पृ. 173.
28. कर्मप्रवाहेणतु चेतनस्यमग्नस्य संसारमहार्णवेचिरम्। उपर्यहोसंसरतोऽवशस्य सा
कृपोद्भवत्येव हरेरहेतुका।।
-श्री वै. म. भा., रा. ट. दास, पृ. 15-16.
29. दयान्यहु:खस्यनिगद्यते वुधैरप्राकृतैस्तैरसहिष्णुतास्तुता। कृपामहाब्धे: समुदारकीर्ति:
विष्णोरचिन्त्याखिलवैभवस्य।।
30. वहीं, पृ. 17.
31. इष्टं वात्सल्यसिंधोश्चवात्सल्यं दोषभोगिता। नित्यं समुच्यते तज्ज्ञै: सदाचारपरायणै:।
32. अथवा विभोश्चवात्सल्यमहार्णवस्य, वात्यसल्यमिष्टं खलुदोषभोगिता।
समुच्यतेतैर्नृभिरस्वतंत्रै: सदासदाचारपरायर्णनरै:।।
-श्री वै. म. भा. , रा. ट. दास,. पृ. 16.
33. शुभानिकर्माणि समर्पयेत्सदा रामाय भक्ष्यं च निवेद्यभक्षयेत्। अहदिंव वीतभय:
समुत्तमं विमुक्तिधो: स्वाधनिवृत्तिकामन:।।
-श्री वै. म. भा. ,भगवदाचार्य, पृ. 161.
34. सर्वेप्रपत्तेरधिकारिणोमता; शक्ता अशक्ता अपि नित्यरंगिण:। नापेक्ष्यतेतत्रकुलं
बलं च नो न चापिकालो नहि शुद्धितापिवा।
-श्री वै. म. भा., रा. ट. दास. , पृ. 17.
35. रामप्रसादहेतुर्हि न्यासोऽयंबिनिगद्यते। नित्यशूरै:सदाचारैर्हरिपादाब्जमानसै:।।
-श्री वै. म. भा. , भगवदाचार्य, पृ. 161.
36. स्वीयप्रवृत्तेस्तु निवृत्तिरिष्टोन्यासौऽथवेद्यौऽपि बुधै: सदैव। ऐकान्तिवैस्तत्व-
विचारदक्षै: परमात्मनिष्ठै: परमास्तिवैस्तै:।।
-वहीं, पृ. 158
37. वहीं, पृ. 159.

38. न्यासदेवनिरंकुशेरश्वरदयानिलूनमायान्वय:।
हार्दानुग्रहलब्धमध्यधमनिद्वाराद्बहिर्निर्गत:।।
-श्री रामार्चन पद्धति, रा. ना. दास , पृ. 3.
39. श्री वै. म. भा. , रा. ट. दास. पृ. ,18.
40. तथाप्यशक्तास्नुकुटीरमात्रं विधायकुर्य्युस्त्वथयादवाद्रौ।
अन्यत्रवासं च मुरुपदिष्टान्मन्त्राजपन्तोऽहंकारशून्य:।।
-श्री वै. म. भा. , रा. ट. दास, पृ. 28.
41. भक्तयादियुक्तस्य तथानहंकृतेर्महात्मनस्तस्यनिदेशपालनम्।
42. उपायमेतंचरमं निरंतरम् सुवैष्णवोऽयम्विदधात्वतंद्रित:।।
-श्री वै. म. भा. , रा. ट. दास, पृ. 28.
43. धनुर्धरस्याश्रृणुयान्निरंतरं कथां च गायेत्सुयशोंऽकितां मुहु:।
रूपंतदीयंतुचराचरात्मकं पश्यन्सतांसंगमुदारधीश्चरेत्।।
-श्री. वै. म. भा. , भगवदाचार्य, पृ. 183.
44. तथाविधंप्राप्यमथोसुवैष्णव: सुचिन्तयन्नित्थमनुज्ञणंप्रिय।
45. सदासदासचाररतंगुरुं वरं ज्ञतिुभजेताखिल संशयदिच्छदम्।।
-श्री वै. म. भा. भगवदाचार्य, पृ. 208.
46. भक्तायिुक्तस्यतयानहंकृतेर्महात्मनस्तस्यनिदेशपालनम्।
उपायमेतं चरमं निरन्तरंसुवैष्णवोऽयम् विदधात्वंतंद्रित:।।111-श्री वै. म. भा. , भगवदाचार्य, पृ. 198
47. तात्पर्याथोंऽस्यविज्ञेय आचार्यरुचिसंश्रय:।
वाम्यार्थस्तुमताभिज्ञैरेषनिर्णीयते बुधै:।।
-श्री वै. म. भा. , रा. ट. दास, पृ. 7.
48. पंचायुधांकाभुविवैष्णवा ये मुखाग्रजक्षत्रियवैश्यशूद्रा:।
स्त्रियस्तथान्येऽपिचविष्णुरूपाजगत्पवित्रप्रववित्रिणस्ते।।
-श्री वै. म. भा. , भगवदाचार्या, पृ. 183.
49. चक्रादिपंचायुधचिन्हितांगक: समीच्यदृष्टश्चाहरिप्रियानसौ।
तथाविधान्भक्तिपर: समर्पयेत्सुवैष्णवाज्जन्मफलादिसंस्तुवन्।।
-श्री वै. म. भा. , भगवदाचार्या, पृ. 183.
50. तेसवतीर्थाश्रयभूतदेहा देशेमहाभागवतावसंति।
यत्रैवतद्दर्शनतत्स्थितिभ्याजात: सुपुण्योनिखिलाधशून्य:।।
-श्री वै. म. भा. , भगवदाचार्या, पृ. 195.

51. तद्दर्चनात्तत्पदनीरपानात्तत्संगतेस्तत्प्रणतेविधानात्।
तद्भोजनान्तरभोजनाच्चस्यात्कोटिजन्माजिंतपापनाश:।।
-श्री वै. म. भा. , भगवदाचार्य, पृ. 185.

52. वही पृ. 183.

53. दिव्येषुदेशेषुसतांप्रसंगंतदीयवैंकर्यपरायणे वै।
-श्री वै. म. भा. , भगवदाचार्य, पृ. 197.

54. सत्सगाद्भवनिस्पृहो-श्री रामर्चनपद्धति, सं. रा. ना. दास, पृ. 3.

55. रागादिकारणेबन्धौतेनैव विनिवर्त्यते।
बन्धुत्वप्रतिपत्तिश्चभासमानाऽविचारत:।।
-श्री वै. म. भा. , भगवदाचार्य, पृ. 74.

56. दानं तपीस्तीर्थ निषेवनजपौ न चारसत्यहिंसा सदृशं सुपुण्यम्।
हिंसामतस्तांपरिवर्जयेज्जन: सुधर्मनिष्ठोदृढ़धर्मवृद्धये।
-श्री वै. म. भा. , रा. ट. दास, पृ. 18.

57. श्रयन्तुधर्मास्तुतयाविहीनान्। सुवक्रगा: सिंधुमिवापिनय:।
काष्ठस्थवनहेरिवघातको-हरेश्चरस्थस्य च जन्तु हिंसक:।
-श्री वै. म. भा. , रा. ट. दास, पृ. 18.

58. जलस्थलोत्पन्नशरीरिहिंसया। विवजयेन्मासमुदारधा: सदा।
दयापरोऽधोगतिहेतुरूपया चिरावलभ्यंभवभीनिवृत्तये।
-श्री वै. म. भा. , रा. ट. दास. पृ. 19.

59. समर्प्यकर्माणि शुभानिवैष्णवो रामाय भक्ष्यं च निवेध भक्षयेत्। अहर्दिबंवीतभय:

60. समुत्तमं विमुक्तिधी: स्वाघनिवृत्तिकानन:।
-श्री वै. म. भा. , रा. ट. दास, पृ. 19.

61. रामानन्द सम्प्रदाय, पृ. 13.

62. भक्तमाल, छप्पय, पृ. 65.

63. हिन्दी साहित्य का आलोचनात्मक इतिहास, पृ. 478.

64. ए हिस्ट्री आफ हिन्दी लिटरेचर, पृ. 21.

अध्याय—4

# हिन्दी सन्त काव्य पर रामानन्द का प्रभाव

यदि उत्तरी भारत में प्रचलित नामों का सर्वेक्षण करें तो रामानन्द और गोरखनाथ ये दो नाम सर्वाधिक प्रचलित मिलते हैं। शायद ही आज भी कोई गाँव मिलें, जिसमें दो-चार रामानन्द नामधारी व्यक्ति न मिल जाएँ। साथ ही आज से लगभग छह सौ वर्ष पूर्व हुए रामानन्द का जितना व्यापक प्रभाव विभिन्न पन्थ-परम्पराओं के लोगों पर मिलता है, उतना अन्य किसी आचार्य या समाज सुधारक का नहीं। इसका प्रमाण यह है कि एक ओर सन्त मत के उत्तरी भारत के शीर्ष पुरुष कबीर उनके विचारों से जुड़ते हैं, वहीं राम भक्ति की पीयूषधारा बहानेवाले तुलसीदास भी उन्हीं के सिद्धान्तों से प्रेरित दीख पड़ते हैं। सत्रहवीं-अठारहवीं शताब्दी के भुड़कुड़ा की सन्त-परम्परा भी अपना आदि आचार्य रामानन्द को ही मानती है। यद्यपि वहाँ किसी अन्य रामानन्द की बात भी कुछ लोग मानते हैं पर उसका कोई औचित्य नहीं लगता क्योंकि प्रसिद्ध नामों से अपनी पन्थ परम्परा को जोड़ना गौरवास्पद माना जाता था। साथ ही इस परम्परा में भी रामानन्द के प्रथम शिष्य अनन्तानन्द जी हैं और 'भक्तमाल' की परम्परा में भी अनन्तानन्द ही उनके प्रथम शिष्य हैं—

*अनन्तानन्द कबीर सुख सुरसुरा पद्मावति नरहरि।*
*पीपा भावानन्द रैदास धना सेन सुरसुर की धर हरि।।*
*औरे शिष्य-प्रशिष्य एक से एक उजागर।*
*विश्वमंगल आधार दैन दसधा के सागर।*

*बहुत काल बपु धारि कै प्रनत जनन को पार दियो।*
*श्री रामानन्द रघुनाथ ज्यों दुनिया सेतु जग वरन कियो।।*

(भक्तमाल छप्पय 39)

इसके अनुसार अनन्तानन्द, कबीर, सुखानन्द, सुरसुरानन्द, पद्मावती, नरहर्यानन्द, पीपा, भावानन्द, रैदास, धना, सेन और सुरसुरी रामानन्द के शिष्य हैं।

रामानन्द-सम्प्रदाय के प्राय: सभी ग्रन्थों में 'भक्तमाल' के ही मत को स्वीकार किया गया है। हिन्दी साहित्यकारों व इतिहासकारों ने 'भक्तमाल' के मत को ही स्वीकार कर लिया है। पं. परशुराम चतुर्वेदी का मत इससे भिन्न है। इस सम्बन्ध में उनका निष्कर्ष यह है, 'अतएव उक्त सभी बातों पर विचार करते हुए यही अनुमान लगाया जा सकता है कि उक्त पाँच व्यक्तियों में से कदाचित् किसी ने भी स्पष्ट शब्दों में स्वामी रामानन्द को अपना गुरु स्वीकार नहीं किया है और उनमें से सभी ने उनका नाम तक नहीं लिया है। कम-से-कम पीपा जी ने अपने को कबीर साहब द्वारा तथा धन्ना ने नामदेव, कबीर साहब, रैदास तथा सेन नाई की कथाओं द्वारा प्रभावित होना स्वीकार किया है। सम्भव है उक्त सभी सन्त एक ही समय और एक ही साथ ऐसी स्थिति में वर्तमान भी न रहे होंगे जिससे उनका स्वामी रामानन्द का शिष्य और आपस में गुरु भाई होना किसी प्रकार सिद्ध किया जा सके।[1] यह आवश्यक नहीं है कि गुरु के नाम का उल्लेख सन्त करें ही। कबीर ने स्पष्टत: किसी गुरु का उल्लेख नहीं किया है। रैदास की भी यही स्थिति है। तुलसी के गुरु का नाम भी खींचतान कर निकाला जाता है। अत: परम्परा से कहे जानेवाले उनके शिष्यों का संक्षिप्त परिचय दिया जा रहा है। अनन्तानन्द को नाभा जी ने रामानन्द स्वामी का प्रमुख शिष्य कहा है। इनके चरणों का स्पर्श कर योगानन्द, गणेश, कर्मचन्द, अल्ह, यमहारी, रामदास, श्री रंग तथा नरहरि दास आदि भक्त लोकपालों के सदृश हो गए थे। इन्होंने 'हरि भक्ति-सिन्ध वेला' नामक ग्रन्थ की रचना की थी। 'रसिक प्रकाश भक्तमाल' के टीकाकार श्री जानकी रसिकशरण जी के अनुसार जिस राम

भक्ति का प्रचार स्वामी रामानुज आदि ने किया था वह भक्ति-लता बीच में ही सूख गई थी। रामानन्द ने उसे पल्लिवत किया और अनन्तानन्द तो रामानन्द के चरणों के सबसे अधिक अनुरागी थे ही। टीकाकार ने इन्हें चारू-शीला जी के रूप में उपासक भी कहा है।[2]

कबीरदास स्वामी रामानन्द के ही शिष्य ठहरते हैं, किन्तु वे रामानन्द से पूर्णतया प्रभावित न ही थे। रामानन्दी विद्वान भगवदाचार्य जी ने कहा है कि रामानन्द के शिष्य कबीर प्रसिद्ध सन्त कबीर नहीं थे, बल्कि राम कबीर थे जिन्हें भ्रमवश सन्त कबीर समझ लिया गया है। यह मत विद्वानों को स्वीकार्य नहीं है। कबीर पर रामानन्द के प्रभाव को अलग से निरूपित किया गया है।

सुखानन्द जी परम भक्त थे। जिस प्रकार पहाड़ से झरना रात-दिन झरता रहता है, उसी प्रकार उनके नेत्रों से प्रेमाश्रु झरा करता था। सुखानन्द दिन-रात भगवान का ही गुणगान किया करते थे। उनके पदों की चर्चा मिलती है पर वे स्वल्प ही थे और अब अप्राप्त हैं। स्वामी सुरसुरानन्द बड़े समर्थ भक्त थे। खान-पान के सम्बन्ध में बड़े ही उदार दृष्टिकोण के भक्त थे। अवैष्णवों के हाथ का भी भोजन स्वीकार कर लेते थे। गुरु रामानन्द के सन्देश के वे एक सच्चे प्रचारक थे। धरणीदास जी सुखानन्द जी की शिष्य-परम्परा में थे।

'नाभादास' जी ने अपने 'भक्तमाल' में नरहर्यानन्द जी के सम्बन्ध में बहुत कम सामग्री दी है। सम्भव है वे तुलसीदास के द्वारा उल्लिखित नरहरिदास ही हों।

भक्तमाल के अनुसार एक बार ही सारी सम्पत्ति दानकर दम्पत्ति सुरसुरानन्द स्वामी तथा सुरसुरी जी साधु बन गए। वहाँ कुछ यवन आकर सुन्दरी सुरसुरी का सतीत्व नष्ट करना चाहते थे, पर उन दम्पति की प्रार्थना पर भगवान ने नृसिंह रूप धारण कर यवनों का विनाश किया। फिर अपना मधुर रूप दिखाकर भक्त दम्पति को भगवान ने कृतार्थ किया। इसके अतिरिक्त उनके बारे में कुछ भी ज्ञात नहीं है।

'भक्तमाल' से सेन के विषय में केवल इतना ही ज्ञात होता है कि वे भगवान के बड़े ही कृपा पात्र थे। जिस प्रकार गाय बछड़े की रक्षा करती है, उसी प्रकार भगवान सेन की रक्षा किया करते थे, यह बात संसार भर को विदित थी। सेन के लिए उन्होंने नाई का रूप धारण कर हाथ में छुरछुरी और दर्पण ले लिया और सेन के समान ही रूप धर कर राजा को तेल लगाया। जब राजा को यह रहस्य ज्ञात हुआ तब वह सेन का शिष्य हो गया। स्पष्ट है, सेन जाति के नाई थे। परन्तु यह कौन राजा था, नाभा जी ने इसे स्पष्ट नहीं किया। इस सम्बन्ध में महाराज रघुराज सिंह जी ने कुछ संकेत किए हैं।

*बाँधवगढ़ पूरब जो गाये। सेन नाम नापित तँह जाऐ।।*
*ताकी रहे सदा यह रीती। करत रहे साधुन सों प्रीती।।*
*तहँ को राजा रामबघेला। बरन्यौ जेहि कबीर को चेला।।*
*करै सदा तिन की सेवकाई। मुकुर दिखावै तेल लगाई।।*

इन राजा राम को रीवा नरेश ने कबीर का शिष्य कहा है। रघुराज सिंह ने अपनी वंश-परम्परा भी दी है। उसमें वे स्वयं राजा राम बघेल के वंश में बारहवें राजा ठहरते हैं।

सेन निश्चित रूप से रामानन्द के समकालीन थे। गुरुग्रन्थ साहब में उन्होंने अपने एक पद में लिखा है—

*उत्तम दियरा निरमल बाती। तुम्हीं निरंजन कमला पाती।।*
*राम भगति रामानन्दुर जानै। पूरन परमानन्द बखानै।।*
*मदन मूरति मय तभी गुविन्दै। सैन भणय भजु परमानन्दै।।*

इससे स्पष्ट है, सेन रामानन्द के समकालीन ही थे। ऐसे महापुरुष के वे शिष्य भी हो गए होंगे, इसमें सन्देह नहीं किया जा सकता।

धना जी एक बहुत बड़े भक्त थे। वे जाट जाति के थे। अपनी खेती-बारी की भी चिन्ता न करके वे अपना सारा समय भक्तों की परिचर्चा में लगा देते थे। भक्तों के लिए उन्होंने बोने के लिए रखे गेहूँ भी दान कर दिया।

श्री गुरु-ग्रन्थ साहब में उद्धत धना जी के एक पद से ज्ञात होता है कि नामदेव, कबीर, रैदास एवं सेन नाई की ख्याति से प्रभावित होकर धना भी भक्ति की ओ आये और अन्त में उन्हें भी ईश्वर साक्षात्कार हो गया। धना जी रामानन्द के सीधे शिष्य भले न रहे हों पर वे उनसे प्रभावित अवश्य थे। प्राय: सभी सन्त रामानन्द से प्रभावित थे।

**पीपा**

'भक्तमाल' में नाभादास जी ने पीपा के सम्बन्ध में निम्नलिखित छप्पय दिया है—

*प्रथम भवानी भक्त मुक्ति मांगन को धायो।*
*सत्य कह्यो तिहि शक्ति सुदृढ़ हरिशरण बताये।।*
*श्री रामानन्द पद पाइ भयो अति भक्ति की सीवाँ।*
*गुण असंख्य निर्मोल सन्त धनी राखत ग्रीवां।।*
*परसि प्रणाली सरस भई सकल विश्व मंगल कियो।*
*पीपा प्रताप जग वासना नाहर कौं उपदेश दियो।।*

पीपा का जन्म काल मैकालिफ तथा डॉ. फर्कुहर ने सं. 1482 वि. माना है। मांगरौन राज्य की वंशावली को दृष्टि में रखकर जेनरल कनिंघम ने इनका समय सं. 1417 से 1442 के बीच माना है। पं. परशुराम चतुर्वेदी ने उनका समय सं. 1465 से 1475 के लगभग माना है। कनिंघम ने गांगरौन राज्य की वंशावली की छानबीन करके ही पीपा जी का समय स्थिर किया था और उनके द्वारा स्थिर किया हुआ समय स्वामी रामानन्द जी तथा कबीर दास के जीवन काल से पूरा मेल खाता है। इसी कारण डॉ. बर्थवाल ने उसे स्वीकार ही कर लिया है। जो हो, इतना तो निश्चित ही है कि पीपा स्वामी रामानन्द के प्रिय शिष्य और कबीर के समकालीन थे। भक्तमाल, अगस्त्य संहिता तथा आधुनिक रामानन्दी सम्प्रदाय के ग्रन्थ इसी मत का समर्थन करते हैं। वैरागी परम्परा में पीपा का रामानन्द के द्वादश शिष्यों में प्रमुख स्थान है।

## रैदास

रैदास जी के सम्बन्ध में नाभा जी ने निम्नलिखित छप्पय लिखा है—

*सदाचार श्रुतिशास्त्र वचन अविरुद्ध उपचार्‌यो।*
*नीर खीर विवरन परम हंसनि उर धार्‌यो।।*
*भगवत कृपा प्रसाद परम गति इहि तन पाई।*
*राज सिंहासन बैठि ज्ञाति परतीति दिखाई।।*
*वर्णाश्रम अभिमान तजि पदरज बन्दहि आसु की।।*
*सन्देह ग्रन्थि खंडन निपुन, बानि विमल रैदास की।।*

रैदास जी सन्त कवि थे। इनके पद पर्याप्त मात्रा में मिलते हैं। रैदास जी की बानी का संकलन वेल्वेडियर प्रेस, प्रयाग ने किया है। 'गुरुग्रन्थ साहब' में भी रैदास जी के कुछ पद संगृहीत हैं। दोनों में समानता भी बहुत अधिक है। रैदास स्वामी रामानन्द से अत्यन्त प्रभावित थे। इसका वर्णन आगे किया गया है। अन्य शिष्य पद्‌मावती, भावानन्द, गालवानन्द आदि के जीवन वृत के सम्बन्ध में हमें कोई भी सूचना नहीं प्राप्त होती।

## रामानन्द का प्रभाव

स्वामी रामानन्द के आध्यात्मिक, दार्शनिक, सामाजिक और लोक भाषा को अपनाने के विचार उनके पूरे युग को प्रभावित करते हुए दीख पड़ते हैं। उनकी शिष्य परम्परा में पड़नेवाले कबीर और रैदास से लेकर गोस्वामी तुलसीदास और रचनाकार उनके इन विचारों से तो प्रभावित हैं ही आगे चलकर सत्रहवीं शताब्दी से लेकर उन्नीसवीं शताब्दी तक के परवर्ती सन्तों पर भी यह प्रभाव देखा जा सकता है। इस प्रकार स्वामी रामानन्द ने एक सामाजिक क्रान्ति की थी। जिसका असर न केवल सन्तों व कवियों तक रहा अपितु गाँधी और विनोबा जैसे महापुरुषों पर भी पड़ा। यहाँ हम कुछ प्रमुख मध्यकालीन कवियों पर पड़े उनके प्रभाव को संक्षेप में रेखांकित करेंगे।

## कबीर और रैदास

कहा जा चुका है कि 'भक्तमाल' में नाभादास जी ने कबीर को रामानन्द जी के शिष्यों में सर्वप्रमुख माना है। रामानन्द सम्प्रदाय के प्रामाणिक ग्रन्थों— 'अगस्त्य संहिता' आदि में भी कबीर को रामानन्द का शिष्य माना गया है। अन्य सभी परम्पराओं ने भी कबीर दास और रामानन्द के सम्बन्ध विशेष को स्वीकार किया है। इतनी प्राचीन मान्यता के पीछे अवश्य कुछ तथ्य हैं। इनके समय में भी बहुत अन्तर नहीं है। सिकन्दर लोदी के समय में दोनों की उपस्थिति मान्य हैं। उन दोनों की जन्म-मृत्यु की तिथियाँ अनुमानित हैं। अत: उनके आधार पर कोई निष्कर्ष नहीं निकाला जा सकता। इनके वैचारिक साम्य की अधिकता भी इनके सम्बन्धों की पुष्टि करती है। भले ही कबीर उनके दीक्षित शिष्य न हों, पर वैसी अनुश्रुति प्रचलित है। काशी में हम प्रकट हुए रामानन्द चेताए। उसके अनुरूप कबीर ने अपने मार्ग के लिए रामानन्द से अवश्य चेतना ग्रहण की थी। रामानन्द को रैदास ने स्पष्ट अपना गुरु नहीं कहा है। उनका भी वैचारिक साम्य नाभादास के कथन की पुष्टि करता है। रैदास का कथन है।

*रामानन्द मोहि गुरु मिल्यो, पायो ब्रह्म बिसास।*
*'रामानाम' अमीरस पीयो रैदास ही भयो पलास। साखी 13।।*

दोनों की तात्त्विक एकता को निम्नांकित शीर्षकों में दिखाया गया हैं।

## राम ब्रह्म

कबीर दास ने रामानन्द स्वामी की ही भाँति राम को विश्व स्रष्टा माना हैं। यह बह्म ज्योति स्वरूप है, दिव्य गुणों का समुद्र है। इस राम का कोई मर्म नहीं जानता, वह सम्पूर्ण ब्रह्मांड में परिव्याप्त है, सबके अन्तर में भी वही है, शिव सनकादि और नारद इसी ब्रह्म राम में निवास करते हैं। उसके पद पंकजों की सेवा करते हैं।[3] कबीर दास भी उसी सारंगपाणि भगवान से अभय पद की याचना करते हैं। अपने अनेक पदों में कबीर दास ने राम के इसी विराट व्यक्तित्व की उपासना-अराधना की

है। कबीर दास का यह राम अविनाशी है। वह सर्वशक्तिमान है। मन और वाणी से परे है। राम नित्य है—आदि, मध्य अरु अन्त है। अविरल सदा अभंग चतुर्वर्ग फलों के दाता हैं। कबीर दास के भी राम श्याम वर्ण के हैं।

रामानन्द जी की भाँति कबीर दास जी के राम की असंख्य कल्याणकारी गुणों के आकर हैं। कबीर दास इन गुणों की गणना करने में असमर्थ हैं। सनक, सनन्दन, महेशादि भी उनकी गणना नहीं कर सकते हैं।[4] कबीर के बीजक आदि के पाठों में बहुत से पद विष्णु के अवतारी रूपों का उल्लेख करते हैं पर वे पद बहुत प्रामाणिक नहीं माने जा सकते। जैसे—राम अम्बरीष के लिए भी चक्र सुदर्शन उन्होंने ही चलाया था। कबीर के अनुसार वह ठाकुर भक्तों का हितकारी हैं। उसी ने नृसिंहावतार धारण कर 'हरिण्यकश्यप' का वध किया था। इतना होते हुए भी कबीर और रामानन्द के ब्रह्म सम्बन्धी विचार पूर्णत: एक रूप नहीं थे। रामानन्द विशिष्टताद्वैत के निकट हैं पर कबीर अद्वैतवादी हैं। वे अद्वैत और मायावाद के अत्यन्त निकट थे। इसकी अपने युग की दृष्टि से उनको आवश्यकता भी थी। इसी प्रकार की स्थिति रैदास की भी है।

कबीर और रैदास के युग की दो आवश्यकताएँ थीं—(1) हिन्दू मुसलमान में वैर वैमनस्य को दूर करना (2) हिन्दू समाज में व्याप्त असमता और विशृंखलता को दूर करना। दार्शनिक दृष्टि भी जब इन सन्तों ने निर्गुण-निराकार ब्रह्म की सत्ता की प्रतिष्ठा की ओर अवतारवाद-मूर्तिपूजा आदि का निषेध किया तो इसके पीछे भी इनकी यही भावना थी कि यह अद्वैती भावदृष्टि हिन्दू की औपनिषदि दृष्टि की उपज तो है ही मुसलमान की एकेश्वरवाद की भावना की भी अविरोधी है। उस समय मुसलमान आततायी राजसत्ता तो हथियाते ही थे, मन्दिरों को लूटते, वहाँ का चाँदी, सोना लूटते और मूर्तियों को तोड़ते थे। ब्रह्म-राम के भजन करने में न मन्दिरों की आवश्यकता थी और न मूर्ति की। तीर्थ और यज्ञ भी अनावश्यक पाखंड माने गए। अत: उनकी आवश्यकता नहीं थी। कहीं भी अपने घर में भी बैठकर करघा पर कपड़ा बुनते हुए अथवा जूता सिलते हुए भी उस ब्रह्म का ध्यान किया जा सकता है। जो कण-

कण में व्याप्त है और जिसके बिना संसार में किसी वस्तु का अस्तित्व नहीं। अत: मेरी समझ में निर्गुणोपासना का सन्तों द्वारा प्रचार प्रथमत: मुसलमान आक्रान्ताओं और शासकों के अत्याचारों से निजात पाने का एक सरल मार्ग था। यह केवल दर्शनिक विचार नहीं था अपितु यह एक राजनीतिक-सामाजिक आवश्यकता से प्रेरित एक सामाजिक क्रान्ति का बीज मन्त्र था।

दूसरी ओर हिन्दू समाज की एकता में बाधक पुरोहित-पुजारी वर्ग से विचार के धरातल पर जीतने के लिए अद्वैती दृष्टि अनिवार्य थी। सन्तों की सोच थी कि जब मन्दिर नहीं रहेगा तो उसमें प्रवेश-अप्रवेश का सवाल ही नहीं रहेगा। रहे भी तो जब मन-मन्दिर में ही उसे रिझाया जा सकता है तो ईंट पत्थर के मन्दिर में जाने की जरूरत ही क्या है। उनके लिए समाज को बचाने के लिए आस्तिकता और सच्चरित्रता ही आवश्यक थी। पुराने कर्मकांड ढोंग और पाखंड बन गए थे। उनमें न धर्म था, न आस्तिक भाव था और चरित्र था। उलटी गंगा बह रही थी। मन्दिर और तीर्थ धन कमाने के धन्धे और भ्रष्टाचार के अड्डे बन गए थे। अत: इनको छोड़कर धर्म को जीवन में ढूँढ़ने की आवश्यकता थी। यही काम कबीर-रैदास आदि सन्तों ने किया। मन चंगा तो कठौती में गंगा, जनता भी सन्तों के साथ बोलने लगी।

धन-लोभ और चरित्र-भ्रष्ट जीवन से जन को बचाने के लिए सन्तों ने संसार और सांसारिकता को माया कहा। 'माया' की तरह-तरह से भर्त्सना की गई। कंचन और कामिनी से सावधान रहने का सन्देश दिया गया। इन सन्तों का अपना जीवन इन आदर्शों को चरितार्थ करता था। कहते हैं, रैदास की भक्ति और गरीबी से प्रभावित किसी ने उन्हें एक सोने की रापी दे दी थी। रैदास ने उससे कहा कि इस छप्पर में खोंस दो। वर्षों बाद वह पुन: आया तो रैदास वैसे ही जूता गाँठ रहे हैं और गरीबी जैसी की तैसी। पूछा कि रापी क्या हुई ? उत्तर मिला कि छप्पर में जहाँ खोंस गए थे, वहीं पड़ी होगी। इतना निर्लोभ, इतना सन्तोष, इतना अपरिग्रह होने पर 'सन्त' बनता है। अत: सन्तों का समाज पर प्रभाव भी हुआ। काशी

के बड़े-बड़े ब्राह्मण रैदास के चरणों में प्रणाम करते थे और कबीर का विरोध करने की भी किसी की हिम्मत नहीं हुई।

निश्चित रूप से कबीर का ब्रह्म 'राम' निर्गुण निराकार है जबकि रामानन्द का सगुण-निर्गुण दोनों है। कबीर-रैदास ने उसके निर्गुण रूप को ही ग्रहण किया। हजारीप्रसाद द्विवेदी के शब्दों में, "इसी निर्गुणातीत, द्वैताद्वैत विलक्षण, भावाभावविनिर्मुक्त, अलख, अगोचर, अगम्य, प्रेम पारावार भगवान को कबीर दास ने निर्गुण राम कहकर सम्बोधित किया है। वह समस्त ज्ञान तत्त्वों से भिन्न है, फिर भी सर्वमय हैं। वह अनुभवैक्यगम्य है—केवल अनुभव से ही जाना जा सकता है। इसी भाव को बतलाने के लिए कबीर दास ने बार-बार गूँगे का गुण कह कर उसे याद किया है। वह किसी भी दार्शनिक वाद के मानदंड से परे है, तार्किक ब्रह्म के ऊपर है, पुस्तकी विद्या से अगम्य है, पर प्रेम से प्राप्य है, अनुभूति का विषय है, सहज भाव से भावित है, यही कबीर का निर्गुण राम हैं।[5] जीव के सम्बन्ध में कबीर-रैदास ने कम ही कहा पर वह ब्रह्म का अंश ही है। रामानन्द की ही भाँति कबीरदास ने भी जीव और ईश्वर में अभिन्नता स्थापित की है, किन्तु जहाँ रामानन्द जीव और ईश्वर दोनों को ही अनादि तत्त्व मानते हुए जीव को ईश्वराधीन मात्र मानते हैं, वहीं कबीरदास ने उन दोनों ही तत्त्वों को अभिन्न बतलाया है। उन्होंने स्पष्ट कहा है जिस प्रकार दर्पण में अपना प्रतिबिम्ब दिखलाई पड़ता है, उसी प्रकार ईश्वर ही कण-कण में दृश्यमान हैं। एक ही सम्पूर्ण विश्व में समाया हुआ है और सब-कुछ उसी एक में सिमटा हुआ है। कबीर उस बूँद में समा गया है, जहाँ दूसरा है ही नहीं। हे सखी ! प्रियतम में यह जीव बसता है कि जीव में ही प्रियतम का निवास है, मुझे जीव-पीव में कोई अन्तर नहीं दिखलायी पड़ता है। घट में जीव है कि पीव; जितने पुरुष और स्त्रियाँ हैं सब में तुम्हारा ही रूप है। 'हंसा और सोहं' एक ही समान हैं, काया के ही गुण भिन्न-भिन्न है। रैदास कहते हैं—

*प्रभु जी तुम चन्दन हम पानी।*
*जाकी रग-रग वास समानी।।*

जीव सम्बन्धी विवेचन बहुत कुछ अद्वैत से प्रभावित-सा दिखलायी पड़ता है, फिर भी उन्होंने अद्वैत का स्पष्ट प्रतिपादन किया है, यह नहीं कहा जा सकता। कबीरदास के शब्दों में कुम्भ के भीतर और बाहर स्थित जल तत्त्वत: एक ही है, घड़े के फूट जाने पर दोनों एक-दूसरे से मिल कर एक हो जाते हैं। इसी प्रकार जीव-ब्रह्म में केवल शरीर मात्र का अन्तर है, तत्त्वत: दोनों एक हैं। कबीर का स्पष्ट मत है—

*हम तो एक एक करि जाना।*
*दोइ कहैं तिनहीं को दोजख, जिन नाहिन पहिचाना।।*
*एकै पवन, एक ही पानी, एक जोति संसारा।*
*एक ही खाक घड़े सब भाँड़े, एक ही सिरजनतारा।।*
*जैसे बाढ़ी काष्ठ ही काटै, अगिनि न काटै कोई।*
*यही मत स्वीकार्य है कि वे अद्वैत के माननेवाले थे।*

## तुलसीदास

स्वामी रामानन्द सगुण और निर्गुण दोनों को विधेय मानते हैं। उन्होंने 'राम' के नाम जप को और उसके नाम के कीर्त्तन को महत्त्व दिया। इस प्रकार 'नाम' को उन्होंने सगुण-निर्गुण को जोड़ने की सेतु माना क्योंकि निर्गुणवादी राम भक्त नाम को मानते हैं और सगुण मार्गी राम भक्त भी नाम को स्वीकारते हैं।

इस परिप्रेक्ष्य में तुलसी के स्वकथन से स्पष्ट होता ही जाता है कि यह रामानन्द के ही भक्ति सिद्धान्त के समर्थक थे। उन्होंने स्पष्ट किया है कि तात्त्विक रूप से राम परात्पर ब्रह्म और निर्गुण-निराकार हैं। बालकांड के दोहा संख्या 118 में वे स्पष्ट—

*आदि अन्त कोउ जासु न पावा। मति अनुमानि-निगम अस गावा।*
*बिनु पद चलइ सुनइ बिनु काना। कर बिनु करम करइ बिधि नाना।।*
*आनन रहित सकल रस भोगी। बिनु बानी बकता बड़ जोगी।।*
*जेहि इमि गावहिं बेद बुध, जाहि धरहिं मुनि ध्यान।*
*सोइ दसरथ सुत भगत हित, कोसलपति भगवान।।*

उससे पूर्व होगा संख्या 116 में कहते हैं कि निर्गुण और सगुण दोनों में कोई अन्तर नहीं है दोनों से ही सांसारिक कष्ट दूर होते हैं। तात्त्विक दृष्टि से निर्गुण ब्रह्म ही भक्तों के प्रेम-वश सगुण को धारण करता है—

*सगुनहि अगुनहि नहिं कुछ भेदा। गावहिं मुनि पुरान बुध बेदा।।*
*अगुन अरूप अलख अज जोई। भगत प्रेम बस सगुन सो होई।।*

दोहा संख्या 51 में सती को समझाते हुए शंकर जी कहते हैं—

*मुनि धीर जोगी सिद्ध सन्तत बिमल मन जेहि ध्यावही।*
*कहि नेति निगम पुरान आगम जासु कीरति गावहिं।।*
*सोइ रामु ब्यापक ब्रह्म भुवन निकाय पति माया धनी।*
*अवतरेउ अपने भगत हित निजतन्त्र नित रघुकुलमनी।।*

उपर्यक्त प्रसंगों से स्पष्ट है कि तुलसी तात्त्विक रूप से राम को निर्गुण ब्रह्म ही मानते हैं, पर लोकहित की दृष्टि से उनके अवन्तारि दशरथी राम की सगुण लीला का वर्णन करते हैं। पर इस प्रसंग में उन्होंने राम 'नाम' की महत्ता का विशेष वर्णन करते हुए कहा है कि निर्गुण और सगुण से बड़ा राम का नाम ही हैं। 'नाम' द्विभाषी है क्योंकि 'नाम' से निर्गुण राम और सगुण राम दोनों का बोध होता है—

*नाम रूप गति अकथ कहानी। समुझत सुखद न परति बखानी।।*
*सगुन अगुन बिच नाम सुसाखी। अभय प्रबोधक चतुर दुभाषी।।*

सगुण और निर्गुण दोनों ब्रह्म के स्वरूप हैं पर राम का नाम दोनों से बड़ा है—

*अगुन सगुन दुई ब्रह्म सरूपा। अकथ अगाध अनादि अनूपा।।*
*मोरे मत बड़ नामू दुहू तें। कि जेंहि जुग निज बस निज बूतें।।*

अन्ततः तुलसी कहते हैं कि राम का नाम निर्गुण से बड़ा है ही है वह स्वयं राम बड़ा है—

*निरगुन ते ऐहि भाँति बड़ नाम प्रभाउ अपार।*
*कहउँ नामु बड़ राम तें निज विचार अनुसार।।*

इस प्रकार तुलसीदास के विचार स्वामी रामानन्द के अनुरूप ही सिद्ध होते हैं।

गुरु परम्परा—तुलसीदास नरहरि के शिष्य माने जाते हैं। ये नरहरि स्वामी रामानन्द की शिष्य परम्परावाले हैं या कोई अन्य; इस पर विवाद है। पर सम्भावना तो रामानन्द स्वामी की परम्परावाले नरहरि दास की ही है। इस सम्बन्ध में बाबू शिवनन्दन सहाय और नलिन विलोचन शर्मा का कथन है— 'स्वामी रामानन्द के मुख्य बारह शिष्यों में से एक हरियानन्द उन्हीं को किसी ने नरहरि दास, किसी ने नरहरि आचारी एवं किसी ने नरहरि स्वामी लिखा।... गोस्वामी तुलसीदास के गुरु वे नरहरिदास हो सकते हैं जो श्री 108 रामानन्द जी के चेले श्री अनन्तानन्द जी के मन्त्र शिष्य तथा उन्हीं के दूसरे चेले सुरसुरानन्द जी के साधक चेले थे। अर्थात जो 108 स्वामी रामानन्द के पोते चेले, श्री अनन्तानन्द के चेले, एवं श्री सुरसुरानन्द के भतीजे थे।

साधारणत: विद्वान यह मानते हैं कि स्वामी रामानन्द ने उत्तरी भारत में रामानुज के श्री सम्प्रदाय का और उनके विशिष्टाद्वैत का प्रचार-प्रसार किया। पर रामानन्द ने लक्ष्मी जी के स्थान पर श्री जानकी जी और विष्णु के स्थान पर राम को प्रतिष्ठित किया। उन्होंने राम को ही परब्रह्म माना और उसकी ही सर्वोपरि सत्ता को प्रतिष्ठित किया। उनके मत को भी रामानन्दी सम्प्रदाय में विशिष्टाद्वैत न मानकर अद्वैत और विशिष्टाद्वैत के बीच का माना है।[4] इस प्रकार स्वामी रामानन्द का सम्प्रदाय उत्तरी भारत में विशिष्ट स्वरूप लेकर प्रकट हुआ और उसने राम भक्ति की सगुण-निर्गुण दोनों ही क्षेत्रों में अद्‌भुत प्रतिष्ठा की। अपने युग को स्वामी जी ने पूर्णत: प्रभावित किया और उनके काल के तथा परवर्ती काल के कई महत्त्वपूर्ण सन्त और भक्त कवि उनके दर्शन और भक्ति सिद्धान्त से प्रभावित हुए।

बहिर्साक्ष्य इस दृष्टि से वैष्णव पन्थ के साम्प्रदायिक ग्रन्थों के उल्लेख और अन्तर्साक्ष्य के अन्तर्गत तुलसीदास के स्वकथनों का विचार होगा। वल्लभ पम्प्रदाय में चौरासी वैष्णव की वार्त्ता और दो सौ बावन वैष्णव की वार्त्ता का बहुत महत्त्व है। यद्यपि ये वार्त्ताएँ बहुत अतिशयोक्तिपूर्ण

हैं और वे बहुत प्रामाणिक नहीं हैं, फिर भी इनके तथ्यात्मक उल्लेख निराधार नहीं माने जा सकते।

दौ सौ बावन वैष्णव की वार्त्ता में तुसलीदास और नन्ददास के भातृत्व के प्रकरण में तुलसीदास को रामानन्दी कहा गया है। उक्त वार्त्ता पर गोस्वामी हरिराय की भावात्मक टिप्पणी इस प्रकार है—

"नन्ददास जी सनाढ्य बाह्मण रामपुर में रहते जिनके पद अष्टछाप में गाइयत हैं, ये पूरब में रामपुर ग्राम में जन्में से वो तुलसी के भाई सनौढ़िया ब्राह्मण हते। सो वे नन्ददास पढ़े बाहन हते, तुलसीदास जो तो रामानन्दीन के सेवल हते सो नन्दास हूँ को रामानन्दीन को सेवा करवायो।[7]

श्री हरिवंश जी की भावात्मक टीका भी प्रति सं. 1871 वि. की है। भक्त श्री हरिराय गोस्वामी गोकुलनाथ (वार्त्ता लेखक) के शिष्य थे। उक्त टीका की रचना सं. 1642 वि. के पूर्व की है। अत: यह एक प्राचीन सन्दर्भ है जिसे नकारा नहीं जा सकता है। साथ ही यह वल्लभ सम्प्रदाय के अनुयायी के लेख हैं जो तुलसी को रामानन्दी बनाता है। यदि कोई रामानन्दी महात्मा ऐसा लिखता तो यह उतना विश्वसनीय नहीं माना जाता।

अयोध्या में रसिकोपासक भक्तों की परम्परा रही है। इनमें टीकाकारों की भी लम्बी परम्परा चली। उसी परम्परा के महन्त जीवाराम-युगल प्रिया ने सं. 1898 में 'रसिक प्रकाश भक्तमाल' नामक ग्रन्थ लिखा जिसकी टीका सं. 1919 में श्री जानकी रसिक शरण ने लिखी। उन्होंने तुलसी की गुरु परम्परा इस प्रकार दी है—

*सुरसुरा नन्द के शिष्य श्री गोपालदास*
*बड़े अवधुत घुघरारे सिराबार हैं।*
*तिनके सुशिष्य रघुनाथदास जी मराल,*
*रामदास ध्यानी जिन जान्यौ रूप सार हैं।*
*तिनके बिमल नरहरिदास रस रास,*
*जिसके विदित कूबा केवल आधार हैं,*

*कूबा जी के छोटे गुरु भाई हैं श्री गोसाईं जिनं,*
*रामायन गाथा गाई महिमा अपार है।*

(छन्द सं. 104)

यह परम्परा हुई—रामानन्द-सुरसुरानन्द-गोपालदास-रघुनाथदास-नरहरिदास-कूबा और तुलसीदास। पहले हम देख चुके हैं कि रामानन्द की अधिकृत शिष्य परम्परा जो 'भक्तमाल' पर आधारित है, उसमें भी ये कुछ प्रमुख नाम आते हैं। गोंडावाली यह परम्परा उसी के सम्बद्ध लगती है। केवल कुछ नामों का अन्तर है। अत: रामानन्द की परम्परा से तुलसीदास का सम्बद्ध होना दोनों ही से सिद्ध होता है। क्या यह सम्भव नहीं है कि सुरसुरानन्द की शिष्य परम्परा दो लोगों के माध्यम से आगे बढ़ी हो। एक परम्परा में रामानन्द अनन्तानन्द पौहारी कृष्णदास-अग्रदास-नाभादास आते हैं और दूसरी परम्परा डॉ. ग्रिसर्यन के 'इंडियन एण्टीक्यूरी' में प्रकाशित सूचीवाली है जिसे नागरी प्रचारिणी सभा ने अपने द्वारा प्रकाशित रामायण 'रामचरितमानस' में दिया है—रामानन्द, सुरसुरानन्द, मधवानन्द- गरीबानन्द- लक्ष्मीदास- गोपालदास-नरहरिदास -गोसाई तुलसीदास। तात्पर्य यह कि गोपालदास जिनके शिष्य परम्परावाले नरहरि दास बताये जाते हैं, इन्हें भी परम्परा रामानन्दी ही मानती है। इस प्रकार रामानन्द की परम्परा से दोनों ही नरहरिदास का सम्बन्ध होना प्रतीत होता है। 'भक्तमाल' में दोनों नरहरिदास का उल्लेख आया है। गुरु-परम्परा के इस सन्दर्भ से गोस्वामी तुलसीदास रामानन्दी परम्परा के हैं, ऐसा विदित होता है।

सगुण-निर्गुण समन्वय— स्वामी जी ने निर्गुण-सगुण दोनों ही रूपों में भक्ति का द्वार उन्मुक्त किया और नाम स्मरण को भक्ति का सबसे सुलभ मार्ग बताया। गोस्वामी तुलसीदास वर्ण-व्यवस्था के विरोधी नहीं थे पर वे जाति-पाँति को व्यर्थ मानते थे। शबरी के प्रसंग में स्वयं प्रभु राम के मुख से गोस्वामी जी ने यह कहलवाया है और अपनी व्यक्तिगत मान्यता के रूप में भी वे अपनी कोई जाति-पाँति नहीं मानते थे। इस सम्बन्ध में विस्तार की आवश्यकता नहीं, क्योंकि 'मानस' से लेकर उनके मुक्तक

काव्यों में सैकड़ों उद्धरण यह सिद्ध करते हैं कि वे जाति-पाँति के भेद को भक्ति क्षेत्र में नहीं मानते थे। व्यवहार-क्षेत्र में भी वर्ण-व्यवस्था को स्वीकारते हुए भी वे छूआछूत को नहीं मानते थे। रामराज्य में राजघाट पर 'मज्जहिं तहाँ बरन चारिउ नर' कहकर वे अपने दृष्टि को स्पष्ट कर देते हैं। सामाजिक समरसता के ये विचार सन्त कबीर की निर्गुण परम्परा में भी हैं और तुलसीदास की निर्गुण-सगुण शिष्य परम्परा में भी है। दोनों ने 'राम' तत्त्व की प्रतिष्ठा की, यद्यपि दोनों के 'राम' कुछ समान और कुछ भिन्न हैं।

अन्त:साक्ष्य— सैद्धान्तिक दृष्टि से भी तुलसी स्वामी रामानन्द के अधिक निकट हैं। रामानन्द सम्प्रदाय की मान्यता है कि आदि शक्ति और अभिन्न स्वरूप श्री जानकी जी ने भगवान श्रीराम की इच्छानुसार रामतन्त्र का उपदेश किया था और सर्वप्रथम हनुमान ने इस मन्त्र को प्राप्त किया था। आगे चलकर हनुमान से ही ब्रह्मा और ब्रह्मा से पाराशर आदि आगे के लोगों ने प्राप्त किया। इन विचारों का दर्शन हमें तुलसी के काव्य में बराबर मिलता है। 'सीतोपनिषद' श्लोक 113 लिखा है—

*श्री राम सान्निध्यवश जगदानन्द दायिनी*
*उद्‌भव स्थिति संहार कारिणीय सर्वदेहिनाम।।*

गोस्वामी तुलसीदास बालकांड के मंगलाचरण में श्री जानकी जी की स्तुति में कहते हैं—

*उद्‌भव स्थिति संहार कारिणीम् क्लेशहारिणीम्।*
*सर्वश्रेयस्करीं सीतां नतोऽहं रामबल्लभां।।*

ये श्री सीता जी राम से अभिन्न हैं—

*ओऽम नित्या निरंजना शुद्धां रामाभिन्नां।*
*मातरं मैथलीं बन्दे गुणग्रामां रमा रमाम्।।*

(मैथिली महोपनिषद)

तुलसीदास लिखते हैं—

*गिरा अरथ जल-बीचि सम कहियत भिन्न न भिन्न।*
*बन्दौं सीताराम पद जिनहिं परम प्रिय खिन्न।।*

रामानन्द स्वामी ने ही रामभक्ति का प्रचार किया। रामानुजाचार्य ने विष्णु और श्री जी की उपासना का प्रचार किया, अन्य प्रमुख आचार्यों ने श्रीकृष्ण की भक्ति को अपनाया, पर रामानन्द स्वामी ने राम और जानकी की भक्ति को प्रतिष्ठा दी। उन्होंने राम तत्त्व को ब्रह्म रूप में प्रतिष्ठा दी। जब तुलसी 'विधि हरि शम्भु नचावन हारे'। (ब्रह्मा, विष्णु, शिव तीनों को नचानेवाले हैं) कहते हैं तो उनका तात्पर्य यही है कि राम परात्पर ब्रह्म हैं। इसी रूप में तुलसी ने रामानन्द स्वामी की ही भाँति राम तत्त्व की प्रतिष्ठा की। राम की भक्ति ही उन्हें अभिप्रेत है और इसके लिए वे लोक प्रचलित सभी देवी-देवताओं की प्रार्थना करते हैं, पर अन्त में हनुमान और श्री जानकी जी का ही उन्हें विशेष अवलम्ब है। 'विनय-पत्रिका' में वे हनुमान और जानकी जी से विशेष निवेदन करते हैं, अपने प्रार्थना पत्र को श्री राम से स्वीकृत कराने के लिए। हनुमान के विशेषणों में तुलसी साफ कहते हैं कि वे शिव ही हैं—

(1) जयति मर्कटाशीश, मृगराज-विक्रम, महादेव मुदमंगलालय कपाली (छन्द 25)

(2) जयति मंगलागार, संसार भारापहर, बानराकार विग्रह पुरारी। (छन्द 27)

उन्हें 'गुरु शंकर रूपिणौ' हनुमान का ही सबसे अधिक भरोसा है। वे कहते हैं कि 'बिन गुरु होइ कि ज्ञान।' हनुमान का भरोसा भी क्यों है—

*तेरे स्वामी राम स्वामिनी सिया रे।*
*तहँ तुलसी कहँ कौन की काको तकिया रे।।*

रामानन्द सम्प्रदाय में सर्वप्रथम राम मन्त्र पानेवाले श्री हनुमन्त लाल रामानन्दी सिद्धान्तानुसार गुरु हैं और उनकी कृपा के बिना राम अनुग्रह सम्भव नहीं है। अब श्री जानकी जी जो इस सम्प्रदाय की प्रथम मन्त्र द्रष्टा मानी जाती हैं और राम से अभेद रूप हैं, उनकी स्थिति तुलसी की दृष्टि में देखिये—

*जयति श्री जानकी भानुकुलभानु की प्राणप्रिय बल्लभे तरणि भूपे*
*रामानन्द चैतन्य-धन विग्रहा-शक्ति, आह्लादिनी सार रूपे।।*

*जयति चित चरणि चिन्तनि जेहि धरनि, हत काम भय कोह मोह माया।*
*रुद्र बिधि विष्णु सुर सिद्ध बन्दित पदे जयति सर्वेश्वरी राम जाया।।*
*कर्म जप जोग विज्ञान वैराग्य लहि मोक्ष हित योगि जे प्रभु मनावैं।*
*जयति वैदहि सब शक्ति सिर भूषणे, तेन तब दृष्टि बिनु कबहुँ पावैं।*
*कोटि ब्रह्मांड जंगदीश को ईस, जेहि निगम, मुनि बुद्धि ते अगम गावैं।*
*विदित यह गाथ, अहनाथ, कुलगाथ, सो नाथ, तब दान लै, हाथ आनैं।*
*दिव्य सतकर्म जप दान जब शिव घर्यो राम गुरु रूप मिलि पथ बतायो।*
*चितै हित लीन लखि, कृपा कीन्हौं तबै, देवि! दुर्लभ देव-दरस पायो।।*

(विनय. 40 क)

शिव और हनुमान एक ही हैं। 'हर ते भे हनुमान' यह उक्ति लोकख्यात है। इन्हें सर्वप्रथम जानकी जी का अनुग्रह प्राप्त हुआ, तभी प्रभु राम की भक्ति प्राप्त हुई। रामानन्द-सम्प्रदाय की मान्यता के अनुरूप ही तुलसीदास भी श्री जानकी जी को मन्त्र द्रष्टा और परम गुरु पद पर प्रतिष्ठित करते हैं और शिव को उनका प्रथम अनुग्रह (मन्त्र) प्राप्त करना मानते हैं। इसी कारण वे उनसे निवेदन करते हैं—

*हो न तब सुमुख के संग, नहि रंक सो, विमुख जो, देव नहिं नाह तेरो।*
*अधम-उद्धरणि! यह जाति गहि शरण तब 'दासतुलसी' भयो चेरो।।*

(विनय. 40 क)

इसी कारण अन्य देवी-देवताओं और राम के नजदीकी जनों से अपनी प्रार्थना राम तक पहुँचाने के क्रम में तुलसी श्री जानकी जी से अपनी याद प्रभु राम को दिलाने का अनुनय करते हैं—

*(1) कबहुँक अम्ब! अवसर पाइ।*
*मेरियो सुधि ध्याइबी करुन-कथा चलाई।।*

(विनय. 41) (2)

*कबहुँ समय सुधि ध्याइबी मेरी मातु जानकी।*
*जब कहाइ नाम लेत हौं, किए पन चालक ज्यों, प्यास सुप्रेम पान की।।*

(विनय. 42)

ये समानताएँ सहज ही उनके रामानन्द से प्रभावित होने का संकेत करती हैं।

रामानन्द का दर्शन और तुलसी— स्वामी रामानन्द और उनके गुरु राघवानन्द को रामानुजाचार्य की परम्परा का माना जाता है और दर्शन को भी रामानुज के समान विशिष्टाद्वैतवादी माना जाता रहा है। विद्वानों ने यह विचार प्रकट किया है कि रामानन्द शंकर अद्वैत और रामानुज के विशिष्टाद्वैत के मध्य स्थित थे। राधाकृष्णन ने 'भारती दर्शन' में रामानन्द को रामानुज से स्वतन्त्र परम्परा का माना है। श्री सम्प्रदाय से अलग उनका रामावत सम्प्रदाय था जो आगे चलकर रामानन्द सम्प्रदाय कहा गया। रामानन्द का 'रामावत दर्शन' अद्वैत एवं विशिष्टाद्वैत दर्शन का मध्यवर्ती दर्शन है।

गोस्वामी तुलसीदास ने 'विनय पत्रिका' में द्वैत, अद्वैत, विशिष्टाद्वैत तीनों को भ्रम कहा है। छन्द इस प्रकार है—

*केसव! कहिन जाइ का कहिए?*
*देखत तब रचना विचित्र हरि, समुझि मनहि मन रहिए।*
*कोउ का सत्य, झूठ कह कोऊ, जुगुल प्रबल कोउ मानै।*
*तुलसीदास परिहरै तीनि भ्रम तब आपन पहिचानै।।*

(विनय. 111)

कवि ने संसार को न सत्य, न झूठ, न सत्यासत्य कहा। वह उसे अकथ और विचित्र कहता है। इस विचित्र संसार के दुख से मुक्ति का मार्ग आत्म साक्षात्कार है और वह भक्ति से ही सम्भव है। छन्द का 'आतम पहिचाने, का यही अर्थ है।

संसार द्वैतमूलक और भ्रमात्मक है। इसकी विचित्रता का कोई समाधान नहीं है, ज्ञान से भक्ति मिलती है।

तत्त्वत: वे अद्वैत वेदान्त मानते भी हैं पर उससे संशय मिटता नहीं, असत्य सत्य भासता है और परिणामत: जो असत है उसे सत्य कहा भी नहीं जाता। अत: सत्संग और भक्ति से ही धीरे-धीरे जगत की समझदारी बन सकती है और संशय से मुक्ति मिल सकती है—

*जौ निज मन परिहरै विकारा।*
*तौ कत द्वैत जनित संसृति दुख संसय सोक अपारा।।*
*रघुपति भगति वारि छालित चित बिनु प्रयास ही सूझै।*
*तुलसीदास यह चिद विलास जग बूझत बूझत बूझै।।*

(विनय छन्द 124)

तुलसी की दृष्टि में संसार असत्य नहीं, न वह सत्य ही है, वरन वह सत्य ब्रह्म का विलास है। यह उसका ऐश्वर्य रूप है जो उसकी माया से ही निर्मित है। पर इसकी अनुभूति निरन्तर भक्ति जल से प्रच्छालित अन्त:करण में ही धीरे-धीरे होती है।

उपर्युक्त विवेचन से मुझे यह प्रतीत होता है कि तुलसीदास जी किसी दर्शन को पूर्णत: नहीं मानते। ये विचित्र और असत संसार की कठिनाइयों का अन्त भक्ति से मानते हैं। उनका दर्शन भक्ति-दर्शन है और वह भक्ति राम-भक्ति है। उनके राम सगुण-निर्गुण दोनों हैं और पर ब्रह्म हैं। बह्मा, विष्णु, शिव तीनों परे और सबके कर्त्ता, पालक और संहारक हैं।

रामानन्द के दर्शन का विचार करते हुए श्री वैष्णव भगवान दास जी कहते है, "शंकर दर्शन में ब्रह्म और जीव के सम्बन्ध को अभेद बताया है। यहाँ अद्वैतवाद में एकात्मवाद का प्रतिपादन किया है। उसमें ब्रह्म के दो भेद हैं—कारण ब्रह्म और कारज ब्रह्म। जीव को माया रूपी अविद्या से आवृत ब्रह्म बताया है। विशिष्टाद्वैत में ब्रह्म को जीव और माया का उपभोक्ता बताया है। ब्रह्म जीव के माध्यम से माया का उपभोग करता है। माया प्रकृति को अणु स्वरूप में मानते हैं।"... "रामावत वेदान्त दर्शन ब्रह्म को पूर्ण विभु मानता है। जीव को ब्रह्म अंश नित्य रूप में स्वीकार करते हैं। माया को स्वप्नवत जड़ या मिथ्या मानते हैं। गोस्वामी तुलसीदास का रामचरितमानस रामानन्द सम्प्रदाय की अमूल्य निधि है। गोस्वामी जी के मानस में वेदान्त दर्शन सम्प्रदाय के सिद्धान्तानुसार निरूपण किया है।"[९]

तुलसी की ही भाँति स्वामी रामानन्द का अधिकार क्षेत्र भक्तिमार्ग था और वे भी इसी भक्ति-मार्ग के पथ-प्रदर्शक थे। उसके लिए तुलसी ही

भाँति वे दर्शन-समन्वय के विश्वासी थे। इसी कारण भक्ति में भी 'नाम-जप' को उन्होंने विशेष मान्यता दी जो कबीर जैसे निर्गुनए और तुलसी जैसे सगुनिए दोनों को ग्राह्व था। जैसे तुलसी के दर्शन को कोई, अद्वैत, कोई विशिष्टाद्वैत कोई दोनों के मध्य मानता है, उसी प्रकार स्वामी रामानन्द की परम्परा के राम भक्ति के रसिक भक्तों ने अलग-अलग वाद माना है। तुलसीदास के दार्शनिक मतवाद की दृष्टि से कुछ रामानन्दी भक्तों के विचार देखना चाहिए। रसिक राय प्रसाद दास के शिष्य रघुनाथ प्रसाद कहते हैं—

*एक अद्वैत अरु द्वैत मत पुनि विशिष्ट अद्वैत ।*
*यद्यपि तिहुँ स्वामी सो, पै राखत मत द्वैत।।*

—श्री महाराज चरित्र, पृ. 100

श्री रामचरण दास 'श्री राम नवरत्नसार संग्रह' में महाशम्भु संहिता के सन्दर्भ में कहते हैं, कि उनका विधेय मत शुद्ध द्वैत है—

*शुद्धं द्वैत मतं ब्रिद्धि सेव्य-सेवक भावद्म।*
*सामिष्यं च सुमुक्तिं न नित्यं गोलोकधामकम्।।*
*वे ही 'रस मालिका' में लिखते हैं—*
*सुनहु चित्त बुधि मते जीव नहिं मिलत ईश कहं।*
*दास रूप नहिं मिलत दास होइ रहत ईश पहं।।*
*तथा बज्रमनि कनीफूटि तेहिं मिले न भाई।*
*मनि समपीप जड़ि जाइ परम शोभा अधिकाई।*

बालक राम विनायक उन्हें शुद्धाद्वैतवादी मानते हैं। महात्मा बनादास जी द्वैताद्वैत का समर्थन करते हैं—

*द्वैत मांहि अद्वैत है गुह्य गोपि अति सार।*
*ताते द्वैताद्वैत मत करिहैं सन्त बिचार।।*

(आत्मबोध छं. 222)

महात्मा सियाराम शरण जी के अनुसार उनका और तुलसी का मत 'द्वैताद्वैत' है—

*द्वैताद्वैत हमार मते इमि भाखे मोपहिं।*
*सोई तुलसीदास विषे भासत सो मन माहिं।।*

(गुरु महात्म्य छं. 294

यही प्रतीत होता है कि रामानन्द स्वामी और गोस्वामी तुलसीदास के दार्शनिक मतवाद को कोई एक नाम देना सम्भव नहीं है। भक्ति रसिकों एवं विद्वानों ने उसे अपने-अपने ढंग से व्याख्यायित किया है। वस्तुत: स्वामी जी और गोस्वामी जी दोनों ही समन्वय मार्गी और मध्यमार्गी हैं। दोनों ही भक्तिमार्गी हैं, ज्ञान मार्गी नहीं। अत: वहाँ भक्ति की रसस्विनी बहती है, दर्शन की तार्किक भँवरें नहीं हैं राम की भक्ति के लिए जो भी सहज साधन है, वह भक्ति ही उन्हें ग्राह्य थी।

अध्याय-5

# स्वामी रामानन्द का अवदान

स्वामी रामानन्द वैष्णव भक्ति के ऐसे आचार्य थे जिन्होंने रामानुज के श्री सम्प्रदाय के अन्तर्गत उन्हीं के शिष्य राघवानन्द जी के शिष्यत्व में उत्तर भारत में प्रचार-प्रसार किया। भक्ति के तत्त्व वेद-उपनिषद में भी मिलते हैं। पुराणों में तो भक्ति की महिमा का ही विस्तार हुआ है। इधर चौदहवीं शताब्दी में दक्षिण भारत के यामुनाचार्य-रामानुजाचार्य, मध्वाचार्य, वल्लभाचार्य आदि ने विशिष्टाद्वैत, द्वैताद्वैत दर्शनों के प्रतिपादन द्वारा शंकराचार्य के अद्वैतवाद-मायावाद से भिन्न ब्रह्म-जीव जगत की व्याख्या की और भक्ति का मार्ग प्रशस्त किया। इसी दिशा में रामानन्द स्वामी ने विष्णु की भक्ति के स्थान पर विष्णु के अवतार राम की भक्ति की प्रतिष्ठा की।

स्वामी रामानन्द ने अपने भक्ति सम्बन्धी विचारों में समाज के सभी वर्गों को जोड़ने का काम किया। उन्होंने सभी सवर्ण-अवर्ण, स्पृश्य-अस्पृश्य, स्त्री-पुरुष को भक्ति का अधिकारी बताया। इसके पूर्वाचार्यों में छूआछूत की जो जकड़न थी, उसे काफी हद तक तोड़ने का काम उन्होंने किया। कहा जाता है कि उनका ही उद्घोष था—

*जाति पाँति पूछे नहिं कोई।*
*हरि को भजै सो हरि का होई।।*

इस दृष्टि से उन्होंने एक सामाजिक क्रान्ति का श्रीगणेश किया था। सामाजिक समरसता उस युग की बड़ी आवश्यकता थी। सिकन्दर लोदी जैसे असहिष्णु धर्मान्ध शासक द्वारा हिन्दुओं पर अत्याचार, साधु-सन्तों

पर कहर ढाने की घटनाएँ इतिहास-प्रसिद्ध हैं। इसी युग में स्वामी जी का अवतरण हुआ था। उन्होंने देखा कि एक ओर सत्ताधीश समाज पर कहर ढाया जा रहा है और दूसरी ओर समाज टुकड़ों में बँटा हुआ एक-दूसरे को घृणा की दृष्टि से देख रहा है। धर्माचार्य भी अपने आचरण-प्रवचन द्वारा उसमें ऊँच-नीच का भेद निर्माण कर रहे हैं। इस परिस्थिति को दूर करने के लिए स्वामी जी ने सबके लिए सहज-सुलभ राम भक्ति का प्रसार किया और राम-नाम मन्त्र का सभी को अधिकारी बताकर धर्म और भक्ति के क्षेत्र में सभी वर्गों में समानता स्थापित करके समाज को जोड़ने का कार्य किया। उनके द्वारा प्रारम्भ की गई इस सामाजिक क्रान्ति का प्रभाव उनके समय से लेकर पूरे मध्ययुग और आगे उन्नीसवीं शताब्दी तक के सन्त कवियों पर देखा जा सकता है।

स्वामी जी के नाम से बहुत-सी संस्कृत और हिन्दी की रचनाएँ मिलती हैं। संस्कृत रचनाओं में 'श्री वैष्णव मताब्ज भाष्कर' तथा 'श्रीरामार्चन पद्धति' दो प्रमुख रचनाएँ हैं, जिन्हें डॉ. पीताम्बर दत्त बड़थ्वाल ने प्रामाणिक माना है। हिन्दी में उनकी छोटी-छोटी रचनाएँ मिली हैं। जिसमें 'रामरक्षा' बड़े महत्त्व की रचना है, यद्यपि इसमें तन्त्र-मन्त्र की पद्धति से राममन्त्र दिया गया है, इसी कारण शुक्ल जी आदि इसे रामानन्द की रचना होने में सन्देह करते हैं, किन्तु उस युग में तन्त्र-मन्त्र-योग आदि का ऐसा प्रचार हो गया था कि उससे विरत करने के लिए रामानन्द के द्वारा ऐसी रचना का करना स्वाभाविक प्रतीत होता है। दूसरी भाषा-रचना 'आरती हनुमान जी' की है। इसी आरती को आगे संशोधन करके तुलसीदास के नाम से प्रचलित कर दिया गया। ज्ञान लीला, योग चिन्तामणि, ज्ञान तिलक आदि छोटी-छोटी हिन्दी रचनाएँ उनकी हैं। रामानन्द का एक पद गुरु ग्रन्थ साहब में मिला है जो सन्तों के निर्गुण भाव के मेल का है और दो पद रज्जब दास की सर्बंगी में मिले हैं ये सभी निर्गुण भक्ति और सहज साधना के प्रतिपादक हैं। इन रचनाओं को अनुमान से आचार्य रामचन्द्र शुक्ल आदि ने रामानन्द का नहीं माना है, जो उचित प्रतीत नहीं होता। ऐसी ही रचनाएँ रामानन्द को हिन्दी की लम्बी सन्त काव्य-परम्परा से

जोड़ती हैं। और कोई कारण नहीं है कि इन रचनाओं को रामानन्द की रचनाएँ न माना जाए।

स्वामी रामानन्द की उपर्युक्त सभी रचनाओं के आलोक में जब हम उनकी आध्यात्मिक, सामाजिक और भाषिक दृष्टि का विचार करते हैं तो प्रतीत होता है कि उनके अध्यात्म-चिन्तन में तन के योग के साथ मन के योग की भी आवश्यक अनिवार्य स्थिति थी। इसी प्रकार साधक-भक्त की रहनी (आचरण) का भी महत्त्व था। उन्होंने दार्शनिक दृष्टि से अपने रामावत सम्प्रदाय में विशिष्टाद्वैत दर्शन का थोड़ा संशोधित रूप प्रस्तुत किया जो अन्य मतों से समन्वय का प्रयास प्रतीत होता है। साथ ही उन्होंने अवतारी सगुण-साकार राग ब्रह्म के साथ ही, अन्त:साधना और योग को भी विहित बताया। इस प्रकार उन्होंने अपने समय के सभी मत-पन्थों को एक में समेटने का प्रयास किया। उनकी सामाजिक दृष्टि समरसता की थी और सम्पूर्ण समाज के छूत-अछूत, स्त्री-पुरुष को बिना भेद-भाव के भक्ति पथ पर समानता का अधिकार देकर युग-प्रवाह को बदलने की थी। इसी सामाजिकता से अनुप्राणित होकर स्वामी जी ने लोकभाषा का आश्रय लिया था। इसके पूर्व तक सभी आचार्य संस्कृत में अपने ग्रन्थ प्रस्तुत करते थे। पर स्वामी रामानन्द ने सर्वप्रथम एक प्रतिष्ठित आचार्य के रूप में लोकभाषा हिन्दी में छोटी-छोटी धार्मिक रचनाएँ प्रस्तुत की थीं जो उनकी भाषा-दृष्टि की परिचायक हैं कि वे जनसामान्य की भाषा को ही धर्माचार्यों और साधु-सन्तों की भाषा के रूप में प्रतिष्ठित करना चाहते थे। इसीलिए उन्होंने तन्त्र-मन्त्र और उनके माध्यम से ठगी-धोखा की शिकार जनता को हिन्दी में मन्त्र-शैली में रचनाएँ देकर उनका उद्धार करने का प्रयास किया। गोरखनाथ ने हिन्दी में रचनाएँ करके इस पथ प्रदर्शन किया था

हिन्दी के सन्त कवियों पर स्वामी रामानन्द का बड़ा व्यापक प्रभाव पड़ा है। इसका बड़ा प्रमाण यह है कि कबीर, रैदास, पीपा, सेन, नाभादास आदि हिन्दी कवि उनके ही शिष्य या उनकी शिष्य परम्परा में माने जाते हैं। यह मान्यता इतनी प्राचीन है कि इसे सहज अस्वीकार नहीं

किया जा सकता। इसके अतिरिक्त गोस्वामी तुलसीदास का भी सम्बन्ध रामानन्दी सम्प्रदाय से है। आध्यात्मिक, सामाजिक और भाषा दृष्टि से कबीर, रैदास और तुलसीदास पर उनके विचारों का व्यापक प्रभाव दीख पड़ता है।

रामानन्द की इन दृष्टियों का ही प्रभाव 17वीं, 18वीं और 19वीं शताब्दी के सन्त कवियों के ऊपर भी देखा जा सकता है। इस दृष्टि से परवर्ती सन्त परम्परा के सन्त कवि बूला साहब, गुलाल साहब, भीखा साहब, गोविन्द साहब, देवकी नन्दन साहब और मँगरु साहब की रचनाओं को लक्ष्य किया गया है। यह देखने में आया है कि आध्यात्मिक, सामाजिक और भाषिक तीनों ही दृष्टियों से ये सन्त कवि रामानन्द की विचार-परम्परा से ही जुड़ते हैं। बूला, गुलाल और भीखा के आदि प्रवर्तक स्वामी रामानन्द ही माने जाते हैं। इससे भी प्रतीत होता है कि भले ही यह परम्परा रामानन्द से जुड़ी न हो पर दूर-दूर तक उनके विचारों से प्रभावित हैं।

परवर्ती सन्तों की आध्यात्मिक, दार्शनिक दृष्टि का विचार करते हुए यह दिखाई पड़ता है कि ये कवि कबीर की भाँति निर्गुण और निराकार ब्रह्म को ही मानते हैं किन्तु सगुणोपासना की शब्दावली और अवतारी ब्रह्म के भक्तों के उद्धार की कथाओं को भी ये अपनी रचनाओं में समाहित करते चलते हैं। इनमें कबीर आदि की भाँति मूर्ति पूजा और सगुणोपासना का प्रबल विरोध नहीं दिखाई देता है। आगे चलकर अठारहवीं, उन्नीसवीं शताब्दी के सन्तों जैसे देवकी नन्दन साहब और मँगरु साहब की रचनाओं में निर्गुण के साथ सगुण ब्रह्म के भी वर्णन प्रभूत मात्रा में मिलने लगते हैं। इसे भी रामानन्द का दूरगामी प्रभाव माना जा सकता है तथा इन सन्तों की क्रमशः बढ़ती हुई समन्वयवादी प्रवृत्ति का भी दर्शन होता है।

सन्तों की सामाजिक दृष्टि का अवलोकन करते हुए यह दिखाई देता है कि सामाजिक एकता का भाव कबीर युग की भाँति इस काल के कवियों में भी विद्यमान था। जाति-पाँति, ऊँच-नीच, छूआछूत आदि के

विरुद्ध ये कवि भी थे। इसी समता का आधार इनका दर्शन भी था जिसकी पृष्ठभूमि में अद्वैतवाद था। एक ही ब्रह्म सभी जीवों में है फिर भेद का अवकाश कहाँ रह जाता है। इन कवियों ने वर्ण-व्यवस्था का उल्लेख इस रूप में किया कि जो ब्रह्म को जानता है, वह ब्राह्मण है, जो समाज की रक्षा करे वह क्षत्रिय है, जो समाज का पोषण करे वह वैश्य है और जो सेवा करे वह शूद्र है। इनके अनुसार कार्य से ही वर्ण बनता है, जन्म से नहीं। मजहब के भेद को ये स्वीकार नहीं करते थे क्योंकि ब्रह्म एक ही है उसे चाहे जिस-जिस नाम से पुकारो।

आदमी-आदमी के बीच में दीवार बनती हैं; मजहबी रूढ़ियाँ। अत: ये सभी हिन्दू-मुस्लिम रूढ़ियों के विरुद्ध थे। मन्दिर-मस्जिद से अलग अपने घट में ब्रह्म का आधिपत्य मानकर भजन, ध्यान, जप, साधना आदि के द्वारा उसकी अनुभूति करने का उपदेश देते थे। इसमें आडम्बर, पाखंड और रूढ़िगत कर्मकांडों की गुंजाइश ही नहीं थी।

सामाजिक दृष्टि से आलोच्य देश-काल के कवियों के अध्ययन से एक बात और स्पष्ट होती है कि कबीर-युग में सामाजिक भेद के ऊपर प्रहार करने की न्यूनाधिक प्रवृत्ति भी थी। कबीर तो विशेष तीखे प्रहार करते थे पर अन्य भी उनकी निन्दा तो करते ही थे। सन्त रैदास जो सबसे ओछी समझी जानेवाली जाति में पैदा हुए थे, उनकी वाणी में अवश्य भेदभाव को स्थान नहीं था। वे भक्त थे और भक्ति के सकारात्मक पक्ष के आग्रही थे। इस युग के कवियों में खंडन और आलोचना की प्रवृत्ति कम थी। रैदास की भाँति ये कवि भी सकारात्मक एकता के पक्षधर थे। इस प्रकार स्वामी रामानन्द सामाजिक-धार्मिक क्रान्ति के पुरोधा थे जिसका प्रतिफलन स्वामी विवेकानन्द और महात्मा गाँधी के समरसतापूर्ण विचारों में देखा जा सकता है। वे ये युगद्रष्टा युग प्रवर्तक आचार्य थे।

परिशिष्ट-1

# स्वामी रामानन्द की हिन्दी रचनाएँ

**रामरक्षा**

ॐ सत्य अनादि पुरुस सत्य सत्य गुरु
सन्ध्या तारणी सर्व दुःख विदारणी ।
सन्ध्या उच्चरे विघ्न टरे।
पिंड प्राण की रक्षा श्री नाथ निरन्तर करे।। 1।।
ज्ञान धूप मन पुष्प इन्द्रिय पंच हुताशनम् ।
क्षमा जाप समाधि पूजा नमो देव निरंजनम्।। 2।।
ॐ अखंड मंडलाकारं व्याप्तं येन चराचरम् ।
तत्पदं दर्शितं येन तस्मै श्री गुरवे नमः।। 3।।
परम गुरवे नमः परात्पर गुरवे नमः
परमात्म गुरवे नमः, आत्मा गुरवेः नमः
आदि गुरदेव अनादि मुरवे नमः
अनन्त गुरदेव के चरणारविन्द को नमो नमस्कारम्।। 4।।
हरत सकल सन्ताप दुःष दालिद्र रोग पीड़ा कलह कल्पनां
सकल विघ्न खंड खंड तस्मै श्रीरामरक्षा निराकार वाणी
अनभै तत्त निभै मुक्ति जानी।। 5।।
बाँधिया मूल देखिया अस्थूल,
गगन गरजन्त धुनि ध्यान लागा।
त्रिगुण रहित सील सन्तोष मैं,
श्रीरामरक्षा लिये, ओंकार जागा।। 6।।

पंच तत्त पंचभूत पचीस प्रकृति,
पंच भू आत्मा पंच बाई ।
सम दिष्टि संग घर आंणी प्राण अपान
उदान व्यान मिलि अनहद सब्द की पबर पाई।। 7।।
उलटिया सूर गगन भेदन किया,
नव ग्रह डंक छेदन किया
पोषिया चन्द जहाँ कला सारी
अगनि परगट भई जुरा वेदन जरी
डंकनी संकनी घेरि मारी।। 8।।
धरनि अकास विचि पन्थ चलता किया
अगम निगम महारस अमृत पिया
भूत प्रेत दैत्य दानव संघारा किया
वज्रा की कोठरी वज्रा का डंड ले,
वज्रा का खड्ग ले काल मारा।। 9।।
गरुड़ पंषी उड्या नाग नागनि डस्या,
विषकी लहरियूँ निद्रा न झाँपै ।
पिंड निरमल हुआ पिंजरे पड़ो सुआ,
रोग पीड़ा विभा नहिन्देह व्यापै।। 10।।
रूम रूम ररंकार उच्चरन्त बानी
श्रवण सुनता रहै समदृष्टि मुष्टि मेला ।
झिलमिला ज्योति रुणकार झलकता रहै
नाद बिन्द मिल भया रंग रेला।। 11।।
सुनि कैस नेहरौ सुनि रीझत रहै,
आपुसूँ आपु मिलि आपु जाग्या
सरीर सों सरीर मिलि सरीर निरषता रहै,
जीव सौं जीव मिलि ब्रह्म जाग्या।। 12।।
नैन सौं नैन मिलि नैन निरषत रहै,
मुष सों मुष मिलि बोल बोल्या ।

स्रवन सों स्रवन मिलि नाद रीझत रहै,
सब्द सों सब्द मिलि सब्द षोल्या।। 13।।
निरति सों निरति मिलि निरति लागी रहै।
सुरति सूँ सुरति मिलि सुरति आवै ।
ध्यान सों ध्यान मिलि ध्यांन सूझत रहै,
रंग सों रंग मिलि रंग पावै।। 14।।
ग्यांन सों ग्यांन मिलि ध्यांन सों ध्यांन मिलि,
जाप अजपा जपै सोइ दम लाइ लेषै।
चित्त सों चित्त मिलि चित्त चेतन भया,
उनमुनी दिष्टि सों भाव देषै।। 15।।
द्वार सों द्वार मिलि सीस सों सीस मिलि,
जीव सों जीव मिलि देह विदेह मिल भेद भेद्या।।
मिट गया घोर अन्ध्यार तिहुँ लोक मैं,
स्वेत फटिक मणि हीर वेध्या।। 16।।
उघरन्त नैन उचरंल बैन चन्द अरु सूर दोउ राषिया धीरं ।
हणवन्त हुंकार मचती रहै पकड़िया सोषिया बावन वीरं।। 17।।
गंग उलटी चलै भानु पच्छिम मिलै, निकसिया बिम्ब परकास कीया।
आत्मा माहि दीदार दरसता रहै यूँ अजरावर होय आपु जीया।। 18।।
कुणीकुणी रुणरुणी झुणझुणी नाद नादं, सुषमना काछ के साज साजा।
चाचरी भूचरी षेचरी अगोचरी उन्मुनी पाँचमुद्रा साधते सिद्ध राजा।। 19।।
डरे डूंगरे जले और थले बाट और घाट औघट, निरंजतन निराकार रक्षा करै।
बाघ बाघिन का करूँ मुष काला चौसठ योगिनी काटि कुटका करूँ।
पेचरा भूचरा क्षेत्रपाला नौ ग्रह दूत पाषंड टारूँ।। 20।।
अखिल ब्रह्मांड तिहुँ लोक मैं दोहाई फिरबौ करै ।।
अखिल पुरुष निरंजन निराकार की चक्र फिरै बाढ़ बाढ्या ।।
दृष्टि अरु मुष्टि छलछिद्र मैं वीर बेताल नवग्रह अवधू होत पाषंड वाषा।। 21 ।।
पन्थ में घोर में सोर में चोर में देस परदेस में राज के तेज में।
अग्नि के झाल में साँकड़े पैसा बैठते ऊठते श्रीराम रक्षा करैं।

जागतां सोवतां खेलतां मालतां सन्त के सीस पै हाथ धारे रहें। 22।।
चक्र लीयां राम आप रक्षा करें गुप्त का जाप ले गुप्त सेवै।
चन्द सूर दोइ एक घर रहेबो करें जीतिया संग्राम देवाधिदेवा।। 23।।
फेरि सीधा किया उलटिया अमृत पिया विषवाद सब दूरि भागा।
कमल दल कमल ज्योति ज्वाला जगे भ्रमर गुंजार आकाश जागा।। 24।।

**ज्ञान लीला**

मूरष तन घर कहा कमायौ। राम भजन बिन जनम गमायौ।।
राम भगति गत जांणी नाहीं। भन्दू भूलौ धन्धा माहीं।। 1।।
मेरी मेरी करतो फिरियो। हरि सुमिरण तो कबू न करियौ।।
नारी सेती नेह लगायौ। कबहूँ हिरदै राम नहिं आयौ।। 2।।
सुष माया सूँ षरो पियारो। कबहूँ न सिवरयौ सिरजनहारो।।
स्वारथ माहिं चहूँ दिसि धायौ। गोविन्द को गुण कबहूँ न गायौ।। 3।।
ऐसे ऐसे करत बुहारा। आए साहिब के हलकारा।।
बन्धे काल कीयौ चौरंगा। सुत बेटी नार कोइ नहि संगा।। 4।।
जो तुम करम कीया है भारी। सो अब संग सु चलै तुमारी।।
जम आगै लै ठाढो कीनो। धरम राय बूझण कू लीनो।। 5।।
कीधा कौन कीया तें करमा। सिरजनहार न भज्यौ निसरमा।।
जिण पांणीं सू पैदा कीयौ नर सौ रूप तोहि कूँ दीयौ।। 6।।
जो तूँ बिसरयौ मूरष अन्धा। तो तूँ आयौ जॅम पै बन्धा ।। 7।।
हरि की कथा सुनी नहीं कानां। तो तू नांही जम सूँ छांनां।।
साध के संगत मैं कहू न रहियौ। मुष सूँ राम कबहुँ नहिं कहियौ।। 8।।
हरि की भगति करौ नर नारी धरम राय यूँ कहै बिचारी।।
मोकूँ दोस न दीजै कोई। जिसा करम भुगताऊँ सोई।। 9।।
पाप पुंन कूँ न्यारा छांणूं। जो तुम करम करो सो जांणूं।।
तुमरा करम तुमै भुगताऊँ। आद पुरुस की आग्यां पाऊँ।। 10।।
साहिब की अग्यां है मोकूँ। महा कसौटी देहूँ तोकूँ ।
घड़ी घड़ी का लेषा लेहूँ। करमादिक तेरा भर देहूँ।। 17।।

है हरि बिनां कूंण रषवारो। चित दे सिवरौ सिरजणहारो।।
संकट में हरि बेह उबारी। निस दिन सिमरौ नांम मुरारी।। 12।।
नाम निकेवल सबते न्यारा। रटत अघट घट होय उजारा।।
रामानन्द यूँ कहै समुझाई। हरि सिमरयौ जम लोक न जाई।। 13।।

**पद**

हरि बिन जन्म वृथा षोयो रे ।
कहा भयो अति मान बड़ाई, धन मद अन्ध मति सोयो रे।
अति उतंग तरु देषि सुहायो, सैबल कुसुम सूवा सेयो रे।।
सोई फल पुत्र कलत्र विषै सुष, अन्ति सीस धुनि धुनि रोयौ रे।
सुमिरन भजन साध की संगति, अन्तरि मन मैल न धोयौ रे।।
रामानन्द रतन जम त्रासैं श्रीपति पद काहे न जोयौ रे।। 1।।

**आरती**

आरति कीजै हनुमान लला की। दुष्ट दलन रघुनाथ कला की।।
जाके बल गरजे महि काँपे। रोग सोग जाके सिमाँ न जाँपे।।
अंजनी सुत महाबल-दायक। साधु सन्त पर सदा सहायक।।
बाएँ भुजा सब असुर संघारी दहिन भुजा सब सन्त उबारी।।
लछिमन धरनि में मूर्छि पयो। पैठि पताल जमकातर तोर्‌यो।।
आनि सजीवन प्रान उबार्‌यो। मही सबन कै भुजा उपार्‌यो।
गाढ़ परे कपि सुमिरौं तोहीं। होहु दयाल देहु जस मोहीं।।
लंका कोट समुन्दर खाई। जात पवन सुत बार न लाई।।
लंक पजारि असुर सब मार्‌यौ। राजा रामजी के काज सँवार्यो ।
घंटा ताल झालरी बाजै। जगमग जोति अवधपुर छाजै।।
जो हनुमान जी की आरति गावै। बसि बैकुंठ परम पद पावै।।
लंक बिधंस कियो रघुराई। रामानन्द (स्वामी) आरती गाई।।
सुर नर मुनि सब करही आरती। जै जै जै हनुमान लला की।। 2।।
तातैं ना कछु रे संसारा। मेरै राम को नांव अधारा।। टेक।।
गुड़ चींटा गुड़ गुड़ रती षाई। गुड़ माहिं रही लपटाई।।

एक मीठा होई। पाछै दुष पावै सोई।।
सुपनान्तर राजा होइए। नाना विधि के सुष लहिए।।
ऐसा सुष क्यों सुष होई। जाग्या थैं झूठा सोई।।
मैं मेरी ग्यान नसावै। तातैं आत्म समाधि न पावै।।
रामानन्द गुर गमि गावै। तातै भिन्न भिन्न समझावै।। 3।।
सहजैं सहजैं सब गुन जाइला। भगवन्त भगता एक थिर थाइला।।
मुक्ति भईला जाप जपीला। यों सेवग स्वामी संग रहीला।।
अमृत सुधानिधि अन्त न पाइला।। पीवत प्रान न कदे अघाइला।। 4।।

**लाँबी को अंग**

कहाँ जाइसे हो घरि लागो रंग। मेरो चित्त न चलै मन भयो अपंग।।
जहाँ जाइए तहाँ जल पषांन। पूरि रहे हरि सब समान।।
बेद सुमृत सब मेले जोइ। उहाँ जाइए हरि इहाँ न होइ।
एक बार मन भयौ उमंग घसि चोबा चन्दन चरि अंग।
पूजन चाली ठाँइ। सो ब्रह्म बतायौ गुरु आप माँइ।।
सतगुर मैं बलिहारी तोर। सकल बिकल भ्रम जारे मोर।
'रामानन्द' रमैं एक ब्रह्म। गुर कैस एक सबदि काटे कोटि क्रम्म।। 5।।
सहज सुन्न मैं चिति वसन्त। अबहि असहि जिनि जाए अन्त।।
न तहाँ इंच्छया ओं अंकार। न तहाँ नाभि न नालि तार।।
न तहाँ ब्रह्मा स्यौ बिसन। न तहाँ चौबीसू बप बरन।।
न तहाँ दीसै माया मंड। 'रामानन्द' स्वामी रमै अषंड।। 6।।

**योग चिन्तामणि**

ॐ अकट बिकट रे भाई। काया गढ़ चढ़ा न जाई।।
पछिम दिशा की घाटी। फौज खड़ी है ठाढ़ी।। 1।।
जहाँ नाद-बिन्दु की हाथी। सतगुर ले चल साथी।।
सतगुर साह बिराजै। नौबत नाम की बाजै।। 2।।
जहाँ अष्ट दल कमल फूला। हंस सरोवर में झूला।।
जहाँ राग रंग होय षासे। जहाँ है हंस के बासे।। 3।।

शब्द को सीखले शब्द को बूझले शब्द से शब्द पहिचान भाई ।
शब्द तो हृदय बसे शब्द तो नयनों बसे शब्द की महिमा चार वेद गाई।। 4।।
शब्द तो आकाश बसे शब्द तो पाताल बसे शब्द तो पिंड ब्रह्मांड छाई।
आप में देख ले सकल में पेषले आप मध्ये विचार भाई।। 5।।
कह रामानन्द सतगुर दया करि मिलिया सत्य का शब्द सुन भाई।।
फकीरी अदल बादसाही।। 6।।
सन्तो बन्दगी दीदार। सहज उतरो सागर पार।
सोहं शब्दै सों कर प्रीत। अनुभव अषंड घर जीत।। 7।।
अब उलटा चढ़ना दूर। जहाँ नगर बसता है पूर।।
तन का फिकिर कर भाई। जिसमें राम रोसनाई।। 8।।
सुरत नगर का कर सयल। जिसमें आत्मा का महल ।।
इन्द्रिया सिन्धु मूल मिलियाँ। जिस पर रषना बाँवा पाँव।। 1।।
दहिने को मध्य पर धरनां। आसन अमर घर करनां।।
द्वादश पवन भर पीता। उलट घर शीश को चढ़ना।। 10 ।
दो नैना कर बान । भौंह उलटा कस कवान।।
त्रिवेनी कर असनान। तेरा मेट जाए आवा जान।। 11।।
बाजा गैब का बाजे। बोली सिन्धु में राजे।।
लगी है गैब के बाजा।। 12।।
सन्तो बन्दे सबदा पार। दोहे सरबर दोहे पहार।।
जहाँ परे कुदरथ को झार। लगी है नौ लष हार।। 13।।
शंकला करण मूल। जडिया कटये तो देषना मत फूल। 11
माया ब्रह्म की फाँसी। परी है प्रेम की फाँसी।। 14।।
बाजन बिना तम तूर सहजे ऊगे पच्छिम सूर।।
भवर है सुगन्ध का प्यासा किया है कमल का वासा।। 15।।
इन्द्रिया आराम का दीन्हा जिसका चोलना है लाल।।
उनमनी भरे जदद मसाल।। 16।।
अमहोघं स्या मायी। गगन मैं बादला छाई।।
अमृत निर्झर (र) लाई। उलट दरियाव निर्भरिया।। 17।।

यहि विधि चढ़ना चौसठ सीढ़िया।
हंसा आन बैठा तीरे निश दिन चुगै मोहबत हीरे।। 18।।
राम नैनों मैं रम रहे मरम न जानै कोई ।
जिसके मिलिया सतगुरु ताके पुरा मुहरम हो (ई)।। 19।।
कहँ रामानन्द बच्चा अगम पन्थ का मेला।
झंडा रोपा गैयब का हो सरोवर के तीर ।20।।
साधू खेलै नटकला दृष्टि बन्द का षेल।
जोति अपंडी झिलमिली बिनु बाती बिनु तेल।। 21।।
साधू परबै शब्द को सुरति निरति का षेल।। 22।।
मोती की झालर लगी होरों का परकास।
चन्द्रसूर्य का गम नहीं जहाँ दर्शन पावै दास।। 23।।

**राग बसन्त**

कहाँ जाइये घरिहों लागौ रंग मेरौ चित न चलै मन भयौ अपंग।। टेक।।
जहाँ जाऊँ तहाँ जल पषान पूरि रहे हरि श्रब समान।।
बेद सुमृत सब मेल्हे जोइ । उहाँ जाइये जे हरि इहाँ न होइ।। 1।।
एक बैर मनि भया उमंग चोवा चन्दन चरचे अंग।।
पूजन चाले ठाँइ ठाँई। गुरि ब्रह्म बतायौ आप माँहि।। 2।।
सतगुर मैं बलिहारी तोर। जिनि सकल विकल भ्रम जारे मोर ।।
रामानन्द रमै एक ब्रह्म गुर कै एक सबद काटै कोटि क्रम।। 3।।
सहज सुनि मैं नित बसन्त। अब हिअ सहजि जिनि जाइ अनन्त।। टेक।।
न तहाँ इंछया ऊंकार न तहाँ नाभि न नाली तार।। 1।।
न तहाँ ब्रह्मा सिव बिश्न न तहाँ चौबीसौ वय वरन।। 2।।
न तहाँ दीसै माया मंड। रामानन्द स्वामी रमै अषंड।। 3।।
(बडथ्वाल : रामानन्द की हिन्दी रचनाएँ समग्र की हस्तलिखित प्रति से
गुरु ग्रन्थ साहब में भी यह पद है।)

**राग सोरठि**

ताथैं न कछु रे संसारा। हमारै राम को नांऊ अधारा।। टेक।।
गुड़ का चीटा गुड़ खाई। गुड़ माँहि रहयौ उरझाई।।

गुड़ रती एक मीठा होई। पीछँ दुख पावै सोई।। 1।।
सुपनन्तर राजा होईये। नाना बिधि के सुष जोईये।।
जैसे सुष क्यूँ सुष होई। जागूँ तौ झूठा सोई।। 2।।
मैं मेरी ग्यान नसावै। ताथै आत्मा समाधि न पावै।।
रामानन्द गुरगंमि गावै। ताथै भिनि भिनि समझावै।। 3।।
(रामानन्द की हिन्दी रचनाएँ—परिशिष्ट में)

**राम अष्टक**

अवधपुरी निज धाम कही नीकट सरजू गंग है।
दसरथ नन्दन असुर गंजन श्रीराम जी पूरन ब्रह्म है।। 1।।
सत्य सीता भ्रात लछमन धनुष धारी श्रीराम हैं।
चित्रकूट तप लोक कहिये श्रीराम जी पूरन ब्रह्म हैं।। 2।।
लंकपुर छन माह जारो ऐग्याकारी हनुमान है।
रावन मारीची भीषन थापो श्रीरामजी पूरन ब्रह्म हैं।। 3।।
सोरह कला जुग चारी प्रगटो सात दीप नव खंड है।
आदी अन्त मध्य खोजी देखो श्रीराम जी पूरन ब्रह्म हैं।। 4।।
भाल तीलक बीसाल लोचन आनन्द कन्द श्रीराम हैं।
स्यामली सूरति मधुर मूरति श्रीराम पूरन ब्रह्म हैं।। 5।।
अस्ट सीधी नव नीधी दाता भक्तिमुक्ती वर दायकं ।
ज्ञान जोग सरूप सुन्दर श्रीरामजी पूरन ब्रह्म हैं।। 6।।
चेतनी होइ चेत माह चेत जोग जुगती लीला रची।
करही करतार भही भुक्ता श्रीरामजी पूरन ब्रह्म हैं।।। 7।।
ब्रह्म बिस्नु महेस नारद कोटि अठासी देवता ।
इन्द्रादीक सनकादि गावही श्रीराम जी पूरन ब्रह्म हैं।। 8।।
राम अस्टक पढ़त नीसु दिन सत्य लोक सोग छीतं ।
रामानन्द अवतार अवधु श्रीरामजी पूरन ब्रह्म हैं।। 9।।

परिशिष्ट- 2

# श्रीमठ और उसके परमाचार्य

जगद्गुरु स्वामी रामानन्द जी महाराज का श्रीमठ पंचगंगा घाट वाराणसी में वर्तमान श्रीमठ से पीछे गंगा-तट से कुछ हटकर बना था। वह मुसलमान आक्रान्ताओं द्वारा ध्वस्त कर दिया गया। एक पत्थर के भवन को ध्वस्त किया जा सकता है, पर विचारधारा को नष्ट नहीं किया जा सकता। भारतीय जीवन के विभिन्न विचारकों और साधकों ने जो विचार प्रकट किए हैं, वह उसी अध्यात्म की कड़ी हैं जो सनातन हिन्दुत्व का ही बोधक है। अतः स्वामी रामानन्द के युगीन विचार जिसे भूमिका में 'सामाजिक क्रान्ति के अग्रदूत' में प्रकट किया गया है, वे शाश्वत हैं, और सत्य हैं। उसे कोई आक्रान्ता नष्ट नहीं कर सकता। मो. इकबाल ने इसीलिए कहा 'यूनान, मिस्त्र, रोमा, सब मिट गए जहाँ से, कुछ बात है कि हस्ती मिटती नहीं हमारी'। यही बात स्वामी रामानन्द की विचार परम्परा पर भी पड़ा। आगे चलकर श्रीमठ उस पंचगंगा घाट पर पुण्य सलिला भागीरथी की निर्मल धारा से सटकर बनाया गया। एक तो अपने सात्विक और सनातन सत्य विचारों के कारण यह श्रीमठ पवित्र और दूसरे जान्हवी की लहरों के संस्पर्श से इसकी पवित्रता दूनी बढ. गई है। कहा गया है कि: 'कोटि जन्मों के अघों को जान्हवी है तारती'। ऐसी जान्हवी की लहराती लहरों के बीच वर्तमान श्रीमठ जितना भव्य है उतना ही अपनी साधना और सिद्ध से दीप्तिमान आचार्य के कर्मण दिव्य भी हैं।

पंचगंगा घाट का श्रीमठ भूतकाल में कुछ मलिन हो गया था पर पुनः उसमें नए युग के आचार्यों ने ऐसा स्वरूप दिया कि मानो यह भक्ति

और ज्ञान की भागीरथी को प्रवाहित करके सारे भारत और कई अन्य देशों तक अपने पवित्र धारा को पहुंचाने में सफल हुआ है। इस मठ में श्री सम्प्रदाय के सुधरे नए स्वरूप रामावत सम्प्रदाय ने अपने आचार्यों के प्रभामंडल से अलौकिक फैलाई। इसमें सभी वर्णों के हिन्दू सम्मिलित हुए और कई मुसलमान भी इसमें सम्मिलित हुए यह तो स्वामी रामानन्द की भावधारानी प्रभाव ही था कि मध्य काल में रहीम, रसखान आदि हिन्दुओं की तरह रामकृष्ण की उपासना के छन्द रचने लगे मुस्लिम कवयित्री ताज ने लिखा—"हौं तौ मुसलमानी हिन्दुवानी ह्वै रहूँगी।" श्रीमठ ने स्वामी रामानन्द के विचार परम्परा को ही प्रबल रूप से प्रचारित और प्रवाहित करने का कार्य किया। सगुण-निर्गुण दोनों ही धाराओं को एक में मिलाकर दो भिन्न धाराओं को एक प्रबल धारा प्रभाव बनाने का कार्य श्रीमठ के आचार्यों द्वारा किया गया और बराबर किया जा रहा है। भारत के विशाल भू क्षेत्र पर अवस्थित राम भक्तों के केन्द्रों को एक सूत्र में बाँधने का कार्य श्रीमठ के वर्तमान आचार्यों द्वारा होता रहा है।

## परमाचार्य स्वामी राम नरेश आचार्य जी महाराज

स्वामी भगवदाचार्य के बाद वृद्ध स्वामी शिवरामाचार्य के कन्धों पर जब आचार्यवर का भार मिला तो स्वामी जी ने किसी युवा संन्यासी की तलाश प्रारंभ की जो लम्बे समय तक श्रीमठ की परम्परा को देश-विदेश में पहुंचा सके। बहुत अन्वेषण और प्रयोग के बाद उन्हें एक ऐसा शिष्य मिल गया जो अपने त्याग तपस्या और ज्ञान से अपने इस सम्प्रदाय के विभिन्न सांसों को जोड़ने में सिद्धहस्त था। उस आचार्य का नाम स्वामी रामनरेश आचार्य था जो वर्तमान में भी श्रीमठ के आचार्य हैं।

(2) श्रीमद् रामनरेशाचार्य का जन्म 1952 ईस्वी में वर्तमान भोजपुर जिले में 1856 की क्रान्ति के बाबू कुंवर सिंह के इलाके में हुआ। किशोरावस्था तक वे उसी क्षेत्र में रहे। उनकी मनोवृत्ति उसी आयु में विरक्ति और साधुता की हो गई। उन्होंने दीक्षित होकर संस्कृत की शिक्षा प्राप्त की और दर्शन में विशेष रुचि के कारण उन्होंने षड्दर्शन में पांडित्य प्राप्त कर उच्चतम उपाधियाँ अर्जित कीं। न्यायदर्शन के वे आचार्य ही नहीं

उसके सिद्धहस्त विद्वानों के रूप में प्रतिष्ठा मिली, पर स्वामी जी की विशेषता यह है कि उन्होंने दर्शन के शुष्क क्षेत्र में राम भक्ति की भागीरथी बहाकर भक्ति को ज्ञान के द्वारा मंडित किया। ज्ञान होने पर ही भक्तों की सफलता होती है। गोस्वामी तुलसीदास ने भक्ति के सम्बन्ध में लिखा है—

*जानें बिनु न होइ परतीती। बिनु परतीति होइ नहिं प्रीती॥*
*प्रीति बिना नहिं भगति दिढ़ाई। सुनु खगेस जल कै चिकनाई।।*

स्वामी रामनरेशाचार्य ने अपने ज्ञान और भक्तों के सामंजस्य द्वारा गोस्वामी जी की इस उक्ति को चरितार्थ कर दिया।

स्वामी रामनरेशाचार्य को परमात्मा ने एक बड़ी ही सुन्दर देह-यष्टि दी है। गौरवर्ण, प्रशस्त ललाट, दाहिने हाथ की कलाई में तुलसी की माला गुच्छ उनका यह रूप किसे नहीं आकर्षित करता है? विद्वानों का कथन है कि वे रामानन्द के स्वरूप और उनके अवतार ही लगते हैं। उनका बाह्य जितना भव्य है अन्तरंग उतना ही दिव्य है। प्रकांड पांडित्य और श्रीमठ के पीठाधीश्वर तथा बड़ा पद उनके अभिमान का कारण नहीं। 'विद्या ददाति विनयम' की वे प्रतिमूर्ति हैं। सहज, सरल, स्निग्ध और सर्व सुलभ हैं।

*'सहज सुलभ सबदिन सब राती।'*

ऐसे भव्य दिव्य महात्मा स्वामी रामनरेशाचार्य जी ने जब श्रीमठ का कार्यभार ग्रहण किया तो उस मठ की शाखें सूख रही थीं। उनके सूफी सन्त सम्प्रदायों के द्वन्द्ध और पाखंड-विवाद के कारण रामानन्द स्वामी की यह धरोहर आँसू बहा रही थी। स्वामी जी ने जब पदभार ग्रहण किया तो पुनः शाखें हरी हो गईं, और उसमें चमक आ गई। भारत के कोने में इसकी शाखाएँ कार्यरत हैं और सब का केन्द्र श्रीमठ है। सबको एकता के सूत्र में पिरोनेवाले श्री रामनरेशाचार्य जी ही हैं।

स्वामी रामनरेशाचार्य रामानन्द जी महाराज की भाँति स्त्री-पुरुष, सगुण-निर्गुण, ब्राह्मण-शूद्र की एकता का शंखनाद किया। प्राचीन काल से ही हमारे देश में स्त्रियों का सम्मान होता रहा—'यत्र नार्यस्तु पूज्यन्ते, रमन्ते तत्र देवता।' गार्गी और मैत्रेयी जैसी विदुषी स्त्रियाँ इस देश में हुई। भक्ति क्षेत्र में राम के साथ सीता, कृष्ण के साथ राधा, शिव के साथ पार्वती साथ-साथ पूज्य और उपास्य रही हैं। मध्य काल में स्त्रियों को निम्न दर्जा किया

जाने लगा था। पर्दाप्रथा तथा उनमें वे वेदादि पढ.ने के अधिकार से वंचित किया गया; पर स्वामी रामानन्द ने उस परम्परा को तोड़ा। उनके बारह शिष्यों में दो शिष्याएँ—पद्मावती और सुरसुरी भी हैं। स्वामी रामनरेशाचार्य भी इसी परम्परा के वाहक हैं और स्त्रियों को पुरुषों की ही भान्ति समान अधिकार और भक्ति का अधिकार मानते हैं।

सगुण-निर्गुण विवाद से परे रामानन्द स्वामी की परम्परा में वर्तमान पीठाधीश भी दोनों परम्पराओं को जोड़ने की एक कड़ी है। उनका कहना है कि श्रीमठ सगुण-निर्गुण उपासकों का श्रद्धेय स्थान है तथा वैरागी सन्तों की मूल गद्दी है।

स्वामी रामनरेशाचार्य आधुनिक विचारकों कि साम्यवाद और समाजवाद की अवधारणा के विरुद्ध हैं। उनके मत से बलपूर्वक समता का निर्माण नहीं हो सकता। समता के लिए समता चाहिए। कर्म के आधार पर ही समता हो सकती है। अत: वे साम्यवाद या समाजवाद को होने के समर्थक हैं। रामराज्य का उदाहरण देते हुए कहते हैं कि राम के राज्य में सभी समान है। तुलसीदास ने लिखा हैं— सब नर करहिं परस्पर प्रीती।

*चलहिं स्वधर्म निरत श्रुति नीती।।*
*चार घाट बना सुन्दर वर।*
*मज्जहिं तहाँ बरन चारिउ नर।।*

चारों वर्ण वहाँ साथ ही स्नान करते है। अछूतों या दलितों के सम्बन्ध में उनके विचार रामानन्द स्वामी के अनुरूप ही हैं, वे मानते हैं कि छुआछूत समाज के लिए अभिशाप है। इस सम्बन्ध में रामानन्द स्वामी के शिष्यों में रैदास चमार से लेकर कबीर जुलाहा तक विभिन्न जातियों और सम्प्रदायों के लोग थे। स्वामी रामनरेशाचार्य जी इसे स्वीकार करते हैं और राम भक्तों की एक ही जाति हैं—वे ब्राम्हण हो या दलित, हिन्दू हो या मुसलमान।

*जाति-पाँति पूछै नहीं कोई।*
*हरि को भजै सो हरि का होई।।*

# सहायक ग्रन्थ सूची


1. रामानन्द—सम्प्रदाय तथा हिन्दी साहित्य उसका प्रभाव (एक गवेषणात्मक अध्ययन), डॉ. बदरीनाराण श्रीवास्तव, हिन्दी परिषद, प्रयाग विश्वविद्यालय, इलाहाबाद, 1957 ई.।
2. रामानन्द—सम्प्रदाय और साहित्य, डॉ. आर.एस. प्रजापति, प्रगति प्रकाशन, बैतुल बिल्डिंग, आगरा 1984 ई.।
3. रामानन्द दर्शन-समीक्षा, श्री वैष्णव भगवान दास, श्री रामानन्द सन्त आश्रम, चन्द्रशेखर मार्ग, मायाकुंड, ऋषिकेष, 1992 ई.
4. रामानन्द की हिन्दी रचनाएँ, डॉ. पीताम्बर दत्त बड़थ्वाल, ना.प्र. सभा, काशी।
5. हिन्दी साहित्य का इतिहास, आचार्य रामचन्द्र शुक्ल, ना.प्र. सभा, काशी।
6. हिन्दी साहित्य का आलोचनात्मक इतिहास, डॉ. रामकुमार वर्मा, साहित्य भवन, चौक, इलाहाबाद।
7. कबीर ग्रन्थावली, श्यामसुन्दर दास, ना.प्र. सभा, काशी।
8. कबीर अनुशीलन, डॉ. प्रेमशंकर त्रिपाठी, बड़ा बाजार हिन्दी पुस्तकालय, कलकत्ता।
9. सन्त रैदास और उनका काव्य रामानन्द शास्त्री, कविदास आश्रम, ज्वालसर, हरिद्वार।
10. गोस्वामी तुलसीदास, डॉ. शम्भूनाथ सिंह, सोनिया, वाराणसी।
11. कबीर ग्रन्थावली, डॉ. माता प्रसाद गुप्त लोकभारती, इलाहाबाद।
12. कबीर सर्वस्य, डॉ. योगेश्वर, हिन्दी प्रचारक पुस्तकालय, वाराणसी।
13. रैदास जी की बानी, बेलवेडियर प्रेस, प्रयाग।
14. कबीर और रैदास, डॉ. चन्द्रदेव सौहार्द प्रकाशन मऊ।

15. नाथ सम्प्रदाय हजारीप्रसाद द्विवेदी, लोकभारती प्रकाशन, इलाहाबाद।
16. मध्यकालीन काव्य साधना, डॉ. वासुदेव सिंह, संजय बुक सेण्टर, वाराणसी।
17. मध्यकालीन हिन्दी सन्त, डॉ. केशनी प्रसाद चौरसिया, हिन्दुस्तानी एकेडमी, इलाहाबाद।
18. सन्त साहित्य की लौकिक पृष्ठभूमि, डॉ. ओम प्रकाश शर्मा, हिन्दुस्तानी एकेडमी, इलाहाबाद।
19. स्वामी रामानन्द, डॉ. उदय प्रताप सिंह, साहित्य एकेडमी, नई दिल्ली।

●●●